ACADEMIC

KOREAN READING

Advanced Level

대학 강의 수강을 위한

한국어 읽기

고급

연세대학교 한국어학당 편

연세대학교 대학출판문화원

대학 강의 수강을 위한

한국어 읽기 (고급)

편저자 연세대학교 한국어학당 교재편찬위원회
집필진 황인교 · 김성숙 · 정회정 · 홍윤혜 · 심신애 · 오은희
펴낸곳 연세대학교 대학출판문화원

주소 서울시 서대문구 연세로 50
전화 02) 2123-3380~2
팩스 02) 2123-8673
ysup@yonsei.ac.kr
http://www.yonsei.ac.kr/press
등록 1955년 10월 13일 제9-60호
인쇄 (주)동국문화
삽화 문춘경 외

2012년 5월 25일 1판 1쇄 2019년 3월 7일 1판 4쇄
ISBN 978-89-7141-999-1 (08710)
978-89-7141-987-8 (세트)

값 16,000원

머리말

국내 최고의 명성으로 한국어 교육의 50년 전통을 이어 온 연세대학교 언어연구교육원 한국어학당에서는 한국어 교육의 질을 높이기 위해 그동안 많은 교재를 편찬해 왔다. 최근 한국 내 대학, 대학원에서 수학하고 있거나 진학하고자 하는 외국인이 증가함에 따라 학문을 목적으로 하는 한국어 교재에 대한 학습자들의 요구가 높아지고 있다. 이에 따라 연세대학교 언어연구교육원 한국어학당에서는 대학 수학을 목적으로 하는 외국인 유학생들을 대상으로 한국어와 한국 문화를 교육할 수 있는 새로운 교재를 출간하게 되었다.

연세대학교 언어연구교육원 한국어학당에서 출간하는 이 교재는 대학 생활에 필요한 의사소통 기능을 집중적으로 향상시킬 수 있는 『대학 생활을 위한 한국어』 시리즈와 대학에서의 수학 능력을 집중적으로 향상시킬 수 있는 『대학 강의 수강을 위한 한국어』 시리즈로 되어 있다. 『대학 생활을 위한 한국어』 시리즈는 초급 학습자를 위한 『대학 생활을 위한 한국어 초급』, 중급 학습자를 위한 『대학 생활을 위한 한국어 중급 Ⅰ』, 『대학 생활을 위한 한국어 중급 Ⅱ』로 되어 있으며, 『대학 강의 수강을 위한 한국어』 시리즈는 중급 학습자를 위한 『대학 강의 수강을 위한 한국어 중급 Ⅰ』, 『대학 강의 수강을 위한 한국어 중급 Ⅱ』 그리고 고급 학습자를 위한 『대학 강의 수강을 위한 한국어 고급』으로 되어 있다.

『대학 생활을 위한 한국어』 시리즈는 한국어 학습 단계별로 요구되는 내용을 주제로 말하기, 듣기, 쓰기 능력을 향상할 수 있도록 다양한 과제와 활동으로 구성된 분리형 교재이다. 그리고 『대학 강의 수강을 위한 한국어』 시리즈는 대학 수학에서 요구되는 기능과 장르를 중심으로 말하기, 듣기, 쓰기, 읽기 능력을 향상할 수 있도록 실용적인 과제와 활동으로 구성된 분리형 교재이다. 이들 교재에서는 학습자들이 흥미를 가질 수 있는 주제와 상황을 기초로 여러 가지 의사소통 기능 및 전략을 배울 수 있도록 배려하였다.

『대학 생활을 위한 한국어』와 『대학 강의 수강을 위한 한국어』가 연세대학교 언어연구교육원 한국어학당에서 공부하는 학생들뿐만 아니라 한국 내에서 대학, 대학원 수학을 목적으로 하고 있는 모든 한국어 학습자들에게 도움이 되기를 바란다.

연세대학교 언어연구교육원
한국어학당 교재편찬위원회

일러두기

『대학 강의 수강을 위한 한국어 읽기 고급』은 한국에서 대학에 진학하는 외국인 및 교포가 한국어 학습을 통해 대학 강의 수강이 가능하도록 설계하였다. 총 10개의 과로 구성되어 있으며 각 과의 주제는 교양 수업 수강에 필요한 인문, 사회, 경제, 자연 분야로 이루어져 있다. 한 과는 2시간용인 '교양서 읽기' 1과 2, 1시간용인 '더 읽어 보기', 총 5시간용으로 되어 있다. 본문을 읽은 후 질문에 답하면서 요지 파악, 흐름 및 구조 파악하기, 핵심어 이해하기, 내용 파악하기, 세부 내용 이해하기, 저자의 의도 파악하기, 비판적 읽기 등의 읽기 전략을 익히도록 구성하였다. 그리고 출전을 밝혀 심화학습을 원하는 학습자가 원전을 찾아 볼 수 있게 하였다.

각 과는 '도입 그림과 도입 질문, 본문(교양서 읽기 1, 2), 내용 이해, 더 읽어 보기'의 네 단계로 구성되어 있다.

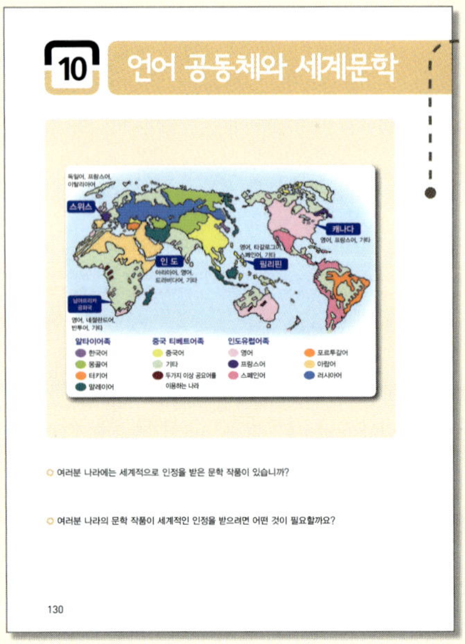
10 언어 공동체와 세계문학

여러분 나라에는 세계적으로 인정을 받은 문학 작품이 있습니까?

여러분 나라의 문학 작품이 세계적인 인정을 받으려면 어떤 것이 필요할까요?

130

도입 그림과 도입 질문을 통해 본문의 내용 이해를 돕고 배울 내용에 대해 미리 생각해 볼 수 있도록 하였다.

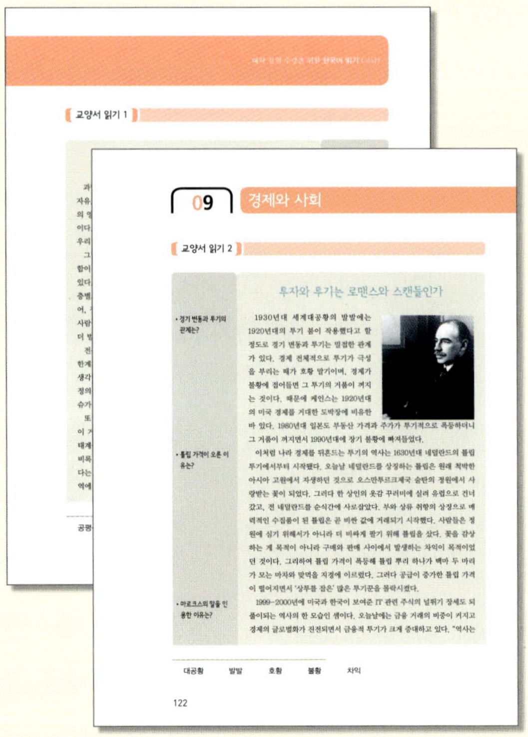
09 경제와 사회

교양서 읽기 2

투자와 투기는 로맨스와 스캔들인가

122

교양서 읽기

교양서 읽기 1과 2, 2개 본문으로 나누어 동일하게 구성하였으며 각 단락마다 단락의 중심 내용과 관련된 질문에 답을 해 가며 본문을 읽어내려 갈 수 있도록 하였고 본문의 이해에 필요한 어휘를 아래에 제시하였다.

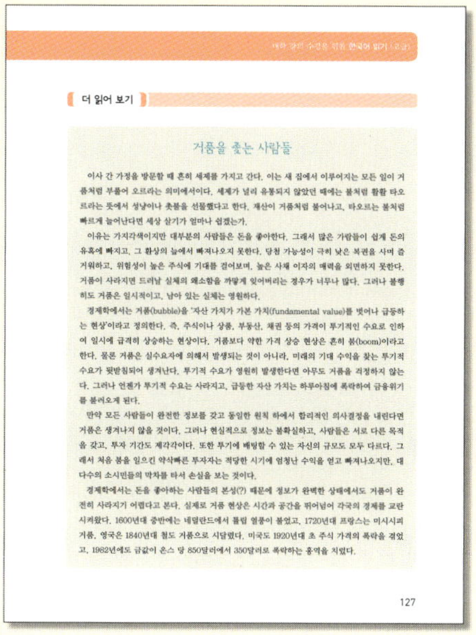

더 읽어 보기

본문의 내용과 유사한 주제를 다룬 글을 더 읽어 보게 하여 학습자가 스스로 심화학습을 할 수 있도록 하였다.

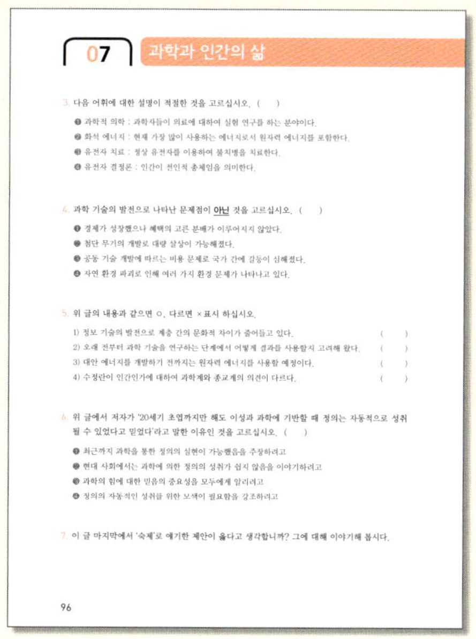

내용 이해

읽기 전략을 익힐 수 있도록 다양한 유형의 연습 문제를 풀도록 하였다.

차례

내용 구성

과	주제	제목	교양서 읽기	더 읽어 보기
1	사회	학문의 세계	• 학문이란 무엇인가? (1) • 학문이란 무엇인가? (2)	아프게 짝사랑하라
2	경제	생활 속의 경제	• 열보다 더 큰 아홉 • 슈퍼마켓 백배 즐기기	'지름신'이 강림하는 이유
3	사회	문화와 커뮤니케이션	• 커뮤니케이션 • 문화 간 인간관계	대중문화 안에서 나를 찾기망
4	인문	독서와 사고	• 현대사회의 독서 환경 • 분석적 · 비판적 독서	책맹(冊盲)사회
5	사회	인터넷과 인간	• 아바타 • 온라인상에서의 대인관계	익명성과 책임
6	인문	언어와 사회	• 인터넷과 우리말 (1) • 인터넷과 우리말 (2)	멀티미디어를 통한 의사소통
7	자연	과학과 인간의 삶	• 과학과 정의의 문제 • 생명 윤리	녹색 기술과 윤리
8	인문	철학과 논리	• 생각하는 힘 (1) • 생각하는 힘 (2)	철학은 어렵다
9	경제	경제와 사회	• 왜 인플레이션을 겁내는가 • 투자와 투기는 로맨스와 스캔들인가	거품을 좇는 사람들
10	인문	언어 공동체와 세계문학	• 언어 공동체와 세계문학 (1) • 언어 공동체와 세계문학 (2)	한국문학과 세계문학

01 학문의 세계

○ 사회에서 대학의 역할은 무엇이라고 생각합니까?

○ 대학에서 공부하는 목적은 무엇입니까?

교양서 읽기 1

학문이란 무엇인가? (1)

아리스토텔레스는 일찍이 "가장 행복한 삶은 진리를 탐구하는 삶"이라고 했다. 물론 그것이 밥벌이를 위한 진리 탐구가 아닌 것은 말할 것도 없다. 진리의 깨달음 자체가 좋아서 하는 '진리를 위한 진리'의 탐구가 가장 바람직한 삶의 길이라는 것이다. 왜 그런가 하고 물으면 그는 다음과 같이 답했을 것이다. 사람을 사람답게 만드는 것은 이성(reason) 그 특성 때문이라고. 물론 사람은 다른 동물처럼 개체 생존을 위해 먹고, 배설하며 또 잠을 잔다. 그리고 종족 보존을 위한 생식 기능도 한다. 그런 점에서 인간도 동물의 한 종류임에는 틀림없다. 그러나 이러한 동물적 특성에도 불구하고 인간을 다른 동물로부터 구별해 주는 것은 인간만이 가지고 있는 차원 높은 특성인 이성(nous, reson, Vemunft, 理性)이다. 그런데 이성의 주된 기능은 진리를 탐구하는 데 있다. 따라서 인간 존재의 품격을 높이는 것은 바로 인간의 특성인 이성의 기능을 최대로 발휘하는 진리 탐구에 있다. 그것이 바로 학문 탐구 행위이다. 오늘날 이러한 아리스토텔레스의 말에 얼마나 많은 사람들이 고개를 끄덕일지는 모르겠다. 그 무엇보다도 오늘날 대학에서 인기를 누리는 학문 탐구는 진리를 위한 진리 탐구와 같은 순수학문의 탐구가 아니다. 오늘날 대학에서 많은 젊은이들을 끌어 모으는 학문들은 순수이론학문보다는 응용학문 분야들이다. 응용학문은 인간의 '삶에 유용한 물질의 생산'에 그 목적이 있다. 따라서 그런 유용한 물질의 생산을 통해 인간의 삶을 풍요하게 만드는 학문이 많은 사람들을 대학에 몰려들게 하는 것이 오늘의 현실이다. 이러한 오늘의 현실에 대해서 더욱 차원 높고 깊은 성찰이 요구되는 시점에 우리가 서 있음은 말할 것도 없다.

- 사람을 사람답게 만드는 것은?
- 순수학문과 응용학문의 차이는?

진리　　탐구　　이성　　개체　　생식　　품격　　성찰

01 학문의 세계

• 동양에서 가장 바람직한 삶이 지향하는 바는?

서양에 못지않게 동양에서도 가장 바람직한 삶에 대한 깊은 성찰의 전통을 가지고 있다. 유학적 전통에서는 '도(道)'를 깨우치는 것을 삶의 최고의 경지로 보았고, 힌두 및 불가적 전통에서는 '법(法)'을 깨우치는 것을 최고의 삶의 경지로 여겼다. 여기서 말하는 도(道)나 법(法)은 오늘날의 과학적 진리와는 좀 거리가 있는 진리다. 그것은 다분히 종교적이고 형이상학적인 성격의 것이다. 그것이 지향하는 바는 인간의 자기 변화가 함께 수반되는 깨우침이며 그것의 궁극 목표는 성현(聖賢)이 되는 것이라 할 수 있다. 따라서 그것은 단순히 어떤 대상이나 현상이 어떠어떠하다는 것을 아는 과학적 지식과는 겨냥하는 과녁이 다르다.

• 인문학의 목표는?

서양학문에도 이와 같은 학문 탐구의 목표가 있었다. 그런 탐구의 성격은 오늘날 인문학을 규정하는 중요한 특성으로 볼 수 있다. 물론 오늘날 인문학 영역 안에 있는 모든 학문들이 이러한 특성을 지닌 것은 아니지만, 인문학은 단순히 무엇을 앎에서 그치는 것이 아니라, 탐구자 자신이 어떠한 존재로 됨에 그 진정한 목표가 있다. 말하자면 이러한 탐구는 앎에서 됨으로 옮아가는 앎과 됨의 통합에 그 진정한 목표가 있다.

• 배움이 성스러운 존재에 이르는 길이라는 말은 무슨 의미인가?

그래서 옛 동양의 전통에서 배움은 단순한 무엇에 관한 앎의 활동에 머물지 않고, 배우는 자가 어떠어떠한 존재로 변화됨을 겨냥하고 있다. 배움은 따라서 어떤 지식의 대상에 대한 앎(인식)을 넘어서서 '인식자의 인식을 통한 존재의 상승'을 겨냥한다. 그러기에 배움은 인식자를 높은 품격으로 상승시키는 성스러운 활동이 될 수 있는 길이 된다. 그래서 '배움은 성스러운 존재(聖人)에 이르는 길'이 될 수 있는 것이다. 이것이 바로 동서를 막론하고 전통적 학문의 길이 추구하던 공통의 목표였다고 볼 수 있다.

그러나 이러한 학문관은 근대 이후 자연에 관한 탐구가 크게 대두하면서 변천을 거듭하며 오늘에 이르렀다.

더구나 자연에 관한 탐구가 단순한 이론적 탐구 수준을 넘어서서 인간의 삶에 유용한 도구를 만드는 기술과 결부됨에 따라 학문 탐구 행위가 지니는 의미가 크게 변화되어 왔다. 그것이 과학기술(scientific technology)의 등장이다. 과학기술은 전통학문 시대의 기술과는 근본적

경지 형이상학적이다 수반되다 성현 인식 막론하고 결부되다

으로 다르다. 전통학문 시대의 기술은 학문의 이론으로부터 도출된 기술이 아닌, 단순한 '손기술'이었다. 그러나 새로 출현한 과학기술은 '학문이론(과학)으로부터 도출된 기술'이다. 그러기에 과학기술은 학문 연구로부터 독립될 수 없는 기술이요, 학문 의존적 기술이다.

이러한 과학기술의 등장은 학문 탐구자의 사회적 위치를 온통 흔들어 놓았을 뿐만 아니라, 대학 교육의 내용에도 엄청난 변화를 초래했다. 대학 교육 내용의 변화는 대학 체계의 전면적인 변화를 수반했다.

• 전통 학문 시대의 기술과 현재의 과학 기술의 차이는?

도출되다　　　초래하다

1. 위 글을 요약하십시오.

2. 위 글의 내용을 크게 세 부분으로 나눈 다음, 괄호 안에 각 부분의 첫 단어를 써 봅시다.

학문 탐구 행위 : 진리 탐구	▶	동양과 서양의 학문관	▶	학문관의 변화 : 과학 기술의 등장

(아리스토텔레스는 ~) → (   ) → (   )

3. 위 글에서 옛 동양에서의 배움이란 '인식자의 인식을 통한 존재의 상승'이라고 하였는데 그 의미는 무엇입니까? (   )

❶ 배움을 통해 사회적 지위가 높아진다.
❷ 배움을 통해 깊은 인식을 하게 된다.
❸ 배움을 통해 지식의 대상이 넓어진다.
❹ 배움을 통해 더 훌륭한 존재로 변화된다.

4. 과학기술의 등장이 대학교육 내용에 엄청난 변화를 가져온 이유는 무엇입니까? (   )

❶ 진리를 탐구하는 것이 학문의 목표가 되었기 때문에
❷ 인간에게 자기 변화의 깨우침을 가르쳐주었기 때문에
❸ 과학 기술은 학문의 이론으로부터 독립된 손기술이기 때문에
❹ 인간의 삶에 유용한 도구를 만드는 기술이 학문의 목표가 될 수 있기 때문에

5. 위 글의 내용과 같으면 ○, 다르면 ×표시 하십시오.

1) 학문 탐구 행위는 인간을 동물과 구별 짓는 행위이다. ( )

2) 전통 학문의 시대에도 과학기술은 학문의 이론으로부터 나온 기술이었다. ( )

3) 배움을 통해 존재의 변화를 추구하는 것이 동양과 서양 학문의 공통의 학문관이었다. ( )

6. 두 번째 단락에서 '오늘날 이러한 아리스토텔레스의 말에 얼마나 많은 사람들이 고개를 끄덕일지는 모르겠다'는 말에서 볼 수 있는 저자의 생각은 무엇입니까? ( )

❶ 요즘 대학생들은 학문의 의미를 어떻게 생각하는지 모르겠다.

❷ 요즘 대학생들은 아리스토텔레스의 말이 무슨 뜻인지 이해하지 못할 것이다.

❸ 요즘 대학생들은 진리 탐구보다 실생활에 도움이 되는 학문을 선호할 것이다.

❹ 요즘 많은 대학생들은 진리 탐구에 대한 아리스토텔레스의 말에 동의할 것이다.

7. 순수이론 학문과 응용 학문 분야가 중요도나 가치에 있어서 차이가 있다고 생각합니까? 여러분의 의견을 이야기해 봅시다.

교양서 읽기 2

학문이란 무엇인가? (2)

• 전통적인 대학 교육에서 학문 탐구의 중심은?

유럽의 전통적인 대학 교육은 12세기 전후에 영국의 옥스퍼드 대학과 프랑스의 소르본 대학, 이탈리아의 볼로냐 대학의 창설에 의하여 시작되었다. 당시는 자연에 관한 본격적인 연구가 시작되기 전이었기 때문에, 학문 탐구는 모든것을 탐구하는 학문의 통칭으로서의 전통적인 철학 연구가 그 중심이 되었다. 그러다가 근대에 들어와서 자연에 관한 탐구가 본격화되면서 인간에 대한 탐구와 자연에 대한 탐구가 분리되었을 때도 대학은 모든 존재에 대한 순수한 이론 탐구에만 몰두하였다.

• 전통적인 대학에 변화를 가져온 것은?

이런 전통적인 대학에 근본적인 변화가 나타난 것은 과학기술의 출현과 궤를 같이 한다. 지금부터 120-130년전에 미국에서는 주립대학(State University)이 설립되었고 독일에서는 각종 'Hochschule'가 설립되었는데, 여기서 가르친 것은 오늘날 토목공학, 기계공학, 농과대학에 해당하는 응용과학 계통의 새로운 과학기술 분야였다.

• 과학 기술의 등장이 학문 탐구 영역에 가지고 온 변화는?

사농공상(士農工商)의 계층으로 구분되는 전통사회에서 학문 탐구자는 이른바 사(士) 계급이었다. 학문을 탐구하는 선비(士) 계급은 생산자 계급인 농업, 공업, 상업 분야의 종사자들과 다른 부류의 사람들이었다. 그들은 그들의 조상으로부터 직접 현장에서 배운 기술과 체험으로 자기들의 생업을 유지해가던 사람들이었다. 과학기술의 등장은 이러한 생산자들(農功商)을 고등교육의 문 안으로 끌어들이는 놀라운 변혁을 가져왔다.

이것은 학문과 기술이 하나의 이론 틀 안에서 통합될 수 있는 학문 탐구의 진보가 가져온 사회변화였고, 종래의 대학 상에 커다란 변화를 불러일

창설　　통칭　　본격화되다　　궤를 같이 하다　　사농공상　　생업　　종래

으켰다. 오직 진리를 위한 진리만 탐구하던 종래의 학문 탐구의 정신에 엄청난 변화를 초래하기 시작한 것이다. 과학기술의 개발은 그 자체가 결코 목적일 수 없다. 그것은 어디까지나 인간의 삶에 어떤 물질적 유용성을 초래하는가에 의해 평가될 수밖에 없다.

미국의 전통적인 대학들은 아직도 순수이론학문(Liberal Arts and Science) 탐구 중심의 교육을 실시하고 있으며, 그 반면 수많은 주립대학에서는 공과대학, 농과대학, 약학대학 등 각종의 고등 산업인력을 배출하는 것을 교육의 중심 목표로 삼고 있다.

• 미국의 대학 교육의 특징은?

우리나라의 대학 제도는 해방 후 미국의 주립대학 모형을 따라 구성되었기에 미국의 하버드, 프린스턴 등과 같은 이른바 '아이비리그(Ivy League Schools)'처럼 순수학문 연구를 핵심 목표로 하는 전통 대학 모형은 아직 없는 상태이다. 이런 상황에서 한국의 젊은이들은지금 대학의 문을 향해 맹렬하게 돌진하고 있는 셈이다. 그들은 지금 무엇을 하려고 대학의 문을 두드리고 있는 것일까? 진리 탐구 자체가 주는 진리의 환희를 최고의 삶이라고 생각하기 때문인가? 아니면 돈이 철철 넘치는 최고급의 직장을 머릿속에 그리며 대학 문을 향해 달려오는 것일까?

• 한국 대학 제도는 어떻게 구성되었나?

오늘 한국은 어떤 한 가지 이상만을 좇는 인간이 필요한 곳이 아니다. 진리에 대한 뜨거운 열정을 가진 젊은이, 너무나 훌륭하다. 그리고 이 땅을 풍성하게 만들 수많은 일꾼 또한 너무나 좋다. 문제는 자신의 능력과 소질에 맞게 사는 일이다. 그리고 모든 사람들이 더불어 잘 살 수 있는 세상을 만들어가는 일에 자기 몫을 다하며 살기 위해 배우는 것이다. 우리 모두는 일정한 시간에 태어나서 일정한 시간을 살다가 세상을 떠나는 '유한한 존재'라는 사실을 잊어버리지 않아야 한다. 그럴 때에야 비로소 우리의 학문 탐구가 단순한 나 혼자만의 탐욕의 수단으로 전락하지 않게 될 수 있다. 그러기에 예나 지금이나 진정한 학문 탐구는 인간 존재의 품격을 높이는 길로 통하는 성스러운 길이다.

• 저자가 생각하는 배움의 의미는?

대학은 진리의 산실이다. 예나 지금이나 마찬가지이다. 그런데 대학의 산실에서 나온 아기인 진리는 절대적인가? 옛 사람들은 "진리는 절대적"

모형 맹렬하다 돌진하다 환희 전락하다 산실

이라고 믿었다. 그리고 그 절대적인 진리를 붙들고 옹호하려 했다. 그러나 세월이 지난 후 그들이 절대적이라고 주장했던 진리의 명제들은 '시간의 언덕'에 걸린 부족한 생각이었음이 드러났다. 옛 사람들의 시선에 잡힌 세상의 부분적 모습에 불과했음이 드러난 것도 있다. 절대적이라고 믿었던 세상의 모습은 그 어떤 때에, 그 어떤 곳에서 찍은 사진처럼 어떤 사물에 대한 전체의 모습이라기보다는 '하나의 컷'에 불과하다. 그리고 후대의 사람이 나타나서 또 다른 때, 다른 곳에서 찍은 또 다른 모습이 컷을 남겼다. 그 모든 컷들의 조각들을 모으면 한 사물의 전체 모습이 드러날 수 있을지도 모른다. 그 모든 시간의 점들, 그리고 그 모든 공간의 점들로 우리가 과연 다 함께 끌어 모은 그 어떤 위상(位相)을 상상할 수 있을지 모른다. 그 모든 위상에서 찍은 모든 컷들의 집합의 모습을 재구성하는 것은 과연 어떤 인간에게 가능할까?

• 대학이 진리 탐구 행위를 멈출 수 없는 이유는?

대학은 진리 탐구를 멈추지 않는다. 만일 어느 시점에서 탐구된 진리가 절대적이라면, 대학의 진리 탐구 행위는 더 이상 지속될 필요가 없다. 왜냐하면 더 탐구되어야 할 진리는 이미 없기 때문이다. 절대적 진리가 있을 수는 있지만 유한한 인간에게는 늘 손 밖에 있다. 그래서 대학에서 진리 탐구는 계속될 수밖에 없고 계속되어야 한다.

『학문이란 무엇인가』
저자 – 이명현 (철학 박사, 서울대학교 철학과 교수)

옹호하다 명제 위상

1. 위 글을 요약하십시오.

2. 다음 중 위 글 내용의 흐름을 가장 잘 나타낸 것은 무엇입니까? (　　)

❶ 유럽의 대학 교육 – 미국의 대학 교육 – 한국의 대학 교육
❷ 대학 교육의 역사 – 미국과 한국의 대학 제도 – 대학의 기능
❸ 유럽의 대학 교육 – 과학 기술의 개발 – 대학의 기능
❹ 대학 교육의 역사 – 한국 대학 교육의 역사 – 절대적 진리

3. 위 글에서 현재의 학문으로 밝힐 수 있는 진리는 절대적인 것이 아니라는 것을 나타낸 표현과 **관계없는** 것은 무엇입니까? (　　)

❶ 시간의 언덕　❷ 하나의 컷　❸ 산실에서 나온 아기　❹ 공간의 점

4. 다음 중 위 글에 나타난 저자의 생각과 **관계없는** 것은 무엇입니까? (　　)

❶ 과학 기술의 등장은 대학의 모습에 큰 변화를 가져왔다.
❷ 학문 탐구는 인간 존재의 변화까지 가져 올 수 있다.
❸ 대학에 들어가는 학생들은 한 가지 이상을 좇아 나아가야 한다.
❹ 인간이 추구하는 진리는 한계가 있기 때문에 진리 탐구 행위는 계속된다.

5. 위 글의 내용과 같으면 ○, 다르면 ×표시 하십시오.

1) 학문으로서 철학의 역사는 과학의 역사보다 훨씬 오래되었다. ( )

2) 우리나라의 대학은 순수 학문 연구 중심의 대학 모형을 따라 구성되었다. ( )

3) 유럽의 전통 대학 교육은 자연에 대한 탐구가 본격적으로 시작됨과 동시에 이루어졌다. ( )

6. 단락 8에서 인간은 절대적 진리를 잡을 수 없다는 것을 말한 저자의 의도는 무엇입니까? ( )

❶ 인간의 능력은 한계가 있다는 것을 말하고 싶어서

❷ 역사적으로 점점 학문이 발전해 왔다는 것을 밝히고 싶어서

❸ 과거에 절대적 진리라고 생각한 것들이 사실이 아니라는 것을 밝히고 싶어서

❹ 대학에서의 진리 탐구 행위가 계속 이루어져야 하는 필요성을 말하고 싶어서

7. 저자는 모든 사람들이 더불어 잘 살 수 있는 세상을 만들어가는 일에 자기 몫을 다하며 살기 위해 대학에서 진리를 탐구하는 것이라고 합니다. 이 의견에 동의하십니까? 여러분은 대학에서 학문을 탐구하는 이유가 무엇이라고 생각합니까?

더 읽어 보기

아프게 짝사랑하라

신학기가 시작되어 캠퍼스는 다시 북적대고 활기에 넘친다. 생기에 넘쳐 빛나는 얼굴들, 희망과 기쁨에 찬 화사한 미소들, 단지 살아 있다는 사실만으로 행복해 보이는 젊은이들을 보며 나는 다시 봄이 왔음을 실감한다.

어김없는 계절의 순환 속에서 속절없이 세월은 흐르고, 나는 어느덧 그들의 젊음이 부러운 나이가 되었음을 깨닫는다.

어느 시인이 말하기를, 인생행로에 있어 청춘을 마지막에, 즉 60대 뒤쯤에 붙이면 인간은 가장 축복받는 삶을 살게 될 것이라고 했다. 육체가 가장 아름답고 왕성한 힘을 발휘하는 청춘에는 미래에 대한 방향 설정과 불확신으로 고뇌하고 방황하며 어설프게 지내고, 이제 어느 정도 인생의 갚은 맛을 알게 될 때는 이미 몸과 마음이 시들 대로 시들어 참된 인생을 즐길 수 없다는 말이다.

그러나 인생의 깊은 맛을 아는 청춘, 삶에 대한 모든 답을 가지고 초연하고 담담하게 회심의 미소를 짓는 청춘 – 어쩐지 어색하고 어울리지 않는다. 삶에 대한 끝없는 물음표를 들고 방황하며 탐색하는 모습이 있어 아름다운 시기가 청춘이고, 미래에 대한 희망과 두려움이 공존하기 때문에 더욱 극적이고 신비스러운 시기가 청춘이기 때문이다.

영작문을 가르칠 때 나는 언제나 학생들에게 영어로 일기를 쓰게 하고 한 달에 한 번씩 걷어서 점검한다. 자유로운 주제로 편하게 쓰는 글이라 그런지 학생들의 문장은 영문 보고서의 작위적이고 현학적인 문체보다 훨씬 더 유려하고 자연스럽다.

내가 학생들로 하여금 일기를 쓰게 하는 데는 조금이라도 영어를 더 많이 쓰게 하려는 교육적인 목적도 있지만 한편으로는 순전히 이기적인 목적도 있다.

한 학기 동안 눈을 마주치는 나의 학생들이 무슨 생각을 하며 어떤 생활을 하는가를 알고 싶기도 하고, 그들을 통해 이제는 돌이킬 수 없는 나의 청춘을 대리 경험하고 싶기 때문이다.

내가 읽을 것을 전제로 하는데도 학생들은 아주 솔직하게 자기표현을 하고, 일기 대신 편지로 직접 내게 상담을 구하기도 한다. 그들의 일기는 대부분 몇 가지 주제 – 공부에 대한 어려움, 전공에 대한 회의, 동아리 생활, 가정생활, 그리고 물론 사랑 이야기 – 들로 겹쳐진다.

그 중에서도 자주 대하는 것은 짝사랑에 대한 고뇌와 슬픔 또는 좌절감이다. 남보다 잘생기거나 예쁘지 못해서, 키가 작아서, 집안이 가난해서, 성격이 너무 내성적이라서 등등 여러 가지 이유로 혼자 누군가를 짝사랑하면서 괴로워하거나 지독한 자괴감에 빠지기도 한다.

그런 학생들에게 어떤 말을 해 준들 위로가 되겠는가마는, 내가 안타깝게 느끼는 것은 그들이 스스로의 슬픔에 취해서 자신들이 얼마나 소중한 경험을 하고 있는지 모르고 있다는 것이다. 짝사랑이야말로 젊음의 특권, 아니 의무라는 사실을 말이다.

나도 그 나이에는 짝사랑하면서 슬퍼하고 깨어진 꿈에 좌절하면서, 마치 이 세상의 모든 번민은 모조리 내 가슴 속에 쌓아 놓은 듯 눈물까지 떨구어 가며 일기장에 괴로운 속마음을 토로하곤 했었다.

그러나 이제 중년의 나이가 되어 하루하루를 그저 버릇처럼 살아가는 지금 그 '괴로운' 짝사랑들은 가슴 저리는 그리움으로 다가온다.

어느덧 불혹의 나이를 넘긴 나, 이제는 어느 정도 여유롭게 삶에 대한 포용력을 가지고 조금은 호기를 부릴 수도 있는 나이가 되었다. 그렇지만 '불혹不惑' – 보고 듣는 것에 유혹받지 아니하고 마음이 흔들리지 아니함 – 이란 말은, 따지고 보면 슬픈 말이다.

아름다운 것을 보고 감격하지 않고, 슬픈 것을 보고 눈물 흘리지 않고, 불의를 보고도 노하지 않으며, 귀중한 것을 보고도 탐내지 않는 삶은 허망한 것이리라.

그것은 즉 이제는 치열한 삶의 무대에서 내려와 그저 삶을 관조하는 구경꾼으로 자리바꿈했다는 것과 무엇이 다르겠는가. 아니, 어쩌면 '불혹'이란 일종의 두려움, 삶의 한가운데로 다시 뛰어들 용기가 없는 데에 대한 슬픈 자기 방어를 말하는지도 모른다.

어떻게 들릴지 모르겠지만, 짝사랑이란 삶에 대한 강렬한 참여의 한 형태이다. 충만한 삶에는 뚜렷한 참여 의식이 필요하고, 거기에는 환희뿐만 아니라 고통 역시 수반하게 마련이다. 우리 삶에 있어서의 다른 모든 일들처럼 사랑도 연습을 필요로 한다.

그리고 짝사랑이야말로 성숙의 첩경이고 사랑 연습의 으뜸이다. 학문의 길도 어쩌면 외롭고 고달픈 짝사랑의 길이다. 안타깝게 두드리며 파헤쳐도 대답 없는 벽 앞에서 좌절감을 느끼지만, 그래도 포기하지 않고 끝까지 나아가는 자만이 마침내 그 벽을 허물고 좀 더 넓은 세계로 나갈 수 있는 승리자가 된다.

그러므로 젊은이들이여. 당당하고 열정적으로 짝사랑하라. 사람을 사랑하고, 신을 사랑하고, 학문을 사랑하고, 진리를 사랑하고, 저 푸른 나무 저 높은 하늘을 사랑하고, 그대들이 몸담고 있는 일상을 열렬히 사랑하라.

사랑에 익숙지 않은 옹색한 마음이나 사랑에 '통달'한 게으른 마음들을 마음껏 비웃고 동정하며 열심히 사랑하라. 눈앞에 보이는 보상에 연연하여, 남의 눈에 들기 위해 자신을 버리는 사랑의 거지가 되지 말라.

창밖의 젊은이들을 보며 나도 다시 한 번 다짐한다. '불혹'의 편안함보다는 여전히 짝사랑의 고뇌를 택하리라고. 내가 매일 대하는 저 아름다운 청춘들을 한껏 질투하며 나의 삶을, 나의 학문을, 나의 학생들을 더욱 더 열심히 혼신을 다해 짝사랑하리라.

언젠가 먼 훗날 나의 삶이 사그라질 때 짝사랑에 대해 허망함을 느끼게 된다면 미국 소설가 잭 런던과 같이 말하리라. "먼지가 되기보다는 차라리 재가 되겠다"고. 그 말에는 무덤덤하고 의미 없는 삶을 사는 것보다는 고통을 수반하더라도 찬란한 섬광 속에서 사랑의 불꽃을 한껏 태우는 삶이 더 나으리라는 확신이 있기 때문이다.

「아프게 짝사랑하라」
저자 – 장영희 (영문학 박사, 서강대학교 영문과 교수 역임)

1. 누군가를 또는 무엇을 짝사랑한 적이 있습니까? 각자의 경험을 이야기해 봅시다.

2. 대학생활을 어떻게 보내고 싶습니까? 가치 있는 대학생활에 대해 이야기해 봅시다.

02 생활 속의 경제

- 여러분은 얼마만큼의 돈이 있으면 만족할 수 있을 거라고 생각합니까?

- 세일을 하는 이유가 무엇이라고 생각합니까?

교양서 읽기 1

열보다 더 큰 아홉

열보다 아홉이 더 크다? 크고 많은 것을 좋아하는 세상에 너무나 황당한 얘기다. 초등학교 산수에도 어긋나는 이 논리가 과연 맞는 말인가. 그래도 진리는 가까운 곳에 숨어 있을 때가 있다. 실제로 사람들은 열보다 아홉을 더 귀중하게 느낄 때가 많다. 여성들은 29세에 오래 머물러 있고 싶어 하지 않는가. 그래서 29세 더하기 몇 개월이라는 새로운 나이 계산법도 등장한다. 남자들도 50세보다는 49세에 더 머무르고 싶어 한다. 가는 세월을 아쉬워하며, 아홉에서 열로 넘어가는 데 상당한 저항을 느끼기 때문이다. 그래서 비록 수학으로는 맞지 않아도, 마음으로는 아홉이 열보다 더 귀하게 느껴질 때가 많다.

그러나 열보다 아홉을 선호하는 계산법은 비단 나이에만 통용되는 것이 아니다. 합리적인 분석으로도 증명이 가능하다. 사회과학의 여왕이라는 경제학에서도 흔히 나타나는 현상이다. 실제로 아홉이 열보다 더 크다는 논리는 5,000년 전 중국의 제왕 신화에 나오는 하도(河圖)에도 수록되어 있다고 한다. 물론 우리가 어떻게 심오한 역(易)의 세계를 쉽게 이해할 수 있겠는가. 다만 고급 수학을 많이 활용한다는 경제학에서조차 그런 엉뚱한 산수가 있다니, 한번 눈여겨 살펴볼 일이다.

• 이 단락에서 언급한 사람들의 나이 계산법은 무엇을 설명하기 위한 예인가?

황당하다 저항 선호하다 통용 심오하다

02 생활 속의 경제

• 풍년이 든 해에 농부의 마음이 풍요속의 빈곤이라고 한 이유는?

사람들은 풍년이 들면 농촌 가계에 큰 도움이 될 것이라고 생각한다. 그러나 농부의 마음은 글자 그대로 '풍요속의 빈곤'이다. 아홉 가마를 수확한 해보다 열 가마를 거둬들인 해의 수입이 더 줄어들 수 있기 때문이다. 풍년이 든 해에는 시장 가격이 폭락하고, 농부 한 사람의 수입은 오히려 아홉 가마를 생산했을 때보다 더 줄어들 수 있다.

• 피카소, 다이아몬드는 무엇을 설명하기 위한 예인가?

어디 이런 현상이 농촌에서만 나타나는가. 물은 꼭 필요하지만, 너무 많으니까 시장 가치가 낮다. 물같이 꼭 필요한 재화가 다이아몬드처럼 적었다면 어떻게 되었을까. 피카소의 그림도 희소해서 비싼 것이고, 다이아몬드도 흔하지 않아서 고가에 팔리는 것이다. 기업도 물량을 조절할 수 있다면, 오히려 적게 생산하여 더 많은 이윤을 획득할 수 있다.

• 핵심어는?

기업이 한 개를 더 생산해서 얻게 되는 수입을 한계수입이라고 한다. 생산을 많이 할수록 가격은 떨어지고, 한계수입도 따라서 줄어든다. 그런데 생산은 공짜로 하는 것이 아니다. 하나 더 생산하는 데에는 추가적인 비용, 즉 한계비용이 들어간다. 따라서 한계수입이 한계비용보다 적다면, 하나 더 생산할 때 이윤은 오히려 줄어든다.

아홉 개에서 열 개로 생산을 늘릴 때 추가적인 한계수입은 1만 원이고, 더 들어가는 한계비용은 1만 2,000원이라고 하자. 열 개를 생산하면 아홉 개를 생산할 때보다 오히려 2,000원의 이윤이 줄어든다. 차라리 아홉 개를 생산하는 것이 낫지 않은가.

• 소비자는 언제 구매를 하게 되나?

소비자도 열보다 아홉을 더 좋아한다. 사람들은 행복과 만족감, 쾌감을 추구하며 살아간다. 소비도 그런 만족을 얻기 위한 행동이다. 그런 만족을 경제에서는 효용이라고 한다. 소비자는 소비를 한 단위 더 늘릴 때마다 추가적으로 늘어나는 효용, 즉, 한계효용을 좇아 행동한다. 소비로부터 느끼는 한계효용이 최소한 가격

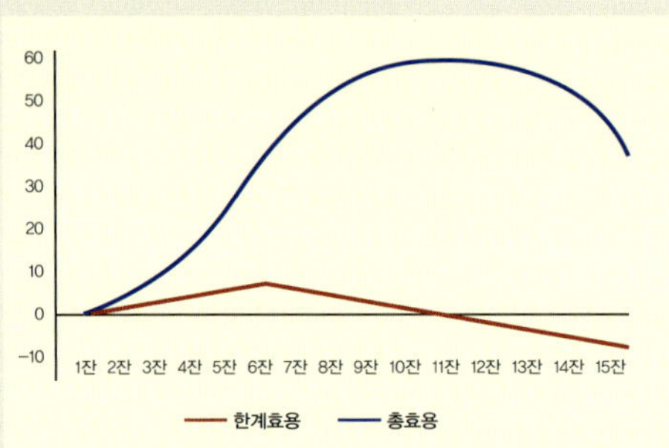

수확 폭락 한계 이윤 쾌감 효용 추가적

보다는 높아야 구매를 한다. 한계효용은 1,000원인데, 가격이 1,500원이라면 누가 그 물건을 사겠는가? 돈을 지불한 만큼 만족을 얻을 수 없는데 말이다.

첫사랑을 시작할 때는 짜릿한 것처럼, 소비에서도 첫 단위에서 느끼는 한계효용이 가장 크다. 그러나 한 개에서 두 개가 되고, 아홉 개에서 열 개로 갈수록 한계효용은 하락하게 마련이다. 손만 닿아도 짜릿하던 사람들도 세월이 흐르면, 어디 서로의 느낌이 그 옛날만 하겠는가. 포도를 먹어 보라. 한 알, 두 알 그리고 아홉, 열 알로 늘어날수록 그 맛은 떨어진다. 그래서 아홉 개까지만 먹고, 한계효용이 낮은 열 개에는 손이 가지 않는다. 소비를 증가시킴에 따라 한계효용이 점차 줄어드는 것이다.

• 첫사랑과 포도는 무엇을 설명하기 위한 예인가?

기업도 마찬가지다. 공급량이 늘어날수록 시장 가격은 떨어진다. 풍년을 맞은 농부의 한숨처럼 기업도 시장에 많이 공급하는데 오히려 이윤이 줄어들 수 있다. 적은 수량으로 많은 이윤을 확보할 수 있다면, 그보다 더 좋은 전략이 어디 있겠는가. 그래서 현명한 독점 기업은 무작정 생산량을 늘리지 않는다. 아홉 개가 열 개보다 더 큰 이윤을 보장할 수 있기 때문이다.

• 현명한 독점 기업이 무작정 생산량을 늘리지 않는 이유는?

경제에서는 이렇게 아홉이 열보다 더 큰 가치가 있다. 희소성이 가치를 결정하기 때문이다. 경제의 아이러니다. 그러니, 가슴이 작다고, 수입이 적다고, 집이 작다고, 가진 것이 적다고 너무 심려하지 말자. 경제로 세상을 보면, 아홉이 열보다 더 크지 않은가. 아홉 개를 가졌을 때가 더 행복하지 않은가?

• 이 단락에서 말하는 경제의 아이러니란?

『열보다 큰 아홉』
저자 – 정갑영 (경제학 박사, 연세대학교 경제학과 교수)

짜릿하다　　확보하다　　아이러니　　심려하다

02 생활 속의 경제

1. 위 글을 요약하십시오.

2. 다음 중 이 글에서 다루고 있는 중요 경제 개념을 가장 적절한 예시를 통해 설명하고 있는 단락을 고르십시오. (　　)

❶ 단락 1　　❷ 단락 5　　❸ 단락 7　　❹ 단락 8

3. 다음 중 어휘의 의미를 **잘못** 설명한 것을 고르십시오. (　　)

❶ 한계효용이란 소비자가 소비를 한 단위 더 늘릴 때마다 추가적으로 늘어나는 효용을 말한다.
❷ 한계비용은 소비자가 한 상품을 더 소비할 때 추가적으로 드는 비용을 말한다.
❸ 한계수입은 생산자가 한 개를 더 생산할 때 얻을 수 있는 수입을 말한다.
❹ 풍요 속의 빈곤이란 생산량은 많으나 결과적인 만족감이 떨어질 때 느낄 수 있다.

4. 다음 중 한계효용을 이용해 설명할 수 **없는** 것을 고르십시오. (　　)

❶ 배가 고플 때 먹는 밥의 첫 숟가락은 꿀맛이다.
❷ 여자 친구 생일 때마다 장미꽃을 주었는데 여자 친구가 이제는 별로 좋아하지 않는다.
❸ 그렇게 좋아하던 불고기였지만 매일 먹으니까 질린다.
❹ 햄버거는 세트 메뉴로 시킬 때 경제적인 효용이 커진다.

5. 위 글의 내용과 같으면 ○, 다르면 ×표시 하십시오.

1) 아홉 가마를 수확한 해보다 열 가마를 수확한 해의 수입이 더 줄어들 수 있는 것은 자원의 희소성과 관계가 있다. ( )

2) 한계수입이 한계비용보다 적을 때 기업은 생산량을 늘릴 것이다. ( )

3) 한계효용은 생산자와 소비자에게 모두 적용되는 개념이다. ( )

4) 이 글의 저자는 세월이 지나면 사랑이 식는 것도 한계효용이 감소하기 때문이라고 설명하고 있다. ( )

6. 저자가 이 글에서 말하려고 하는 것은 무엇입니까? ( )

❶ 소비와 생산 모두 많이 하는 것보다는 적게 할수록 좋다.

❷ 절약하는 것이 올바른 소비 활동이다.

❸ 소비나 생산 모두 지나치면 경제에 악영향을 미친다.

❹ 소비나 생산 모두 효용이 극대화되었을 때 멈추는 것이 더 이익이다.

7. 저자는 경제에서는 아홉이 열보다 더 큰 가치가 있다고 했습니다. 여러분은 이 주장에 동의하십니까? 생활 속의 예를 찾아 이 주장에 동의 또는 반박을 해 보십시오.

교양서 읽기 2

슈퍼마켓 백배 즐기기

• 슈퍼마켓이 소비자들에게 가장 바라는 것은?

슈퍼마켓은 물건을 하나라도 더 팔려는 온갖 수법의 전시장과도 같다. 그들은 상품을 진열하는 방법으로부터 가격을 매기는 방법까지 세심하게 신경을 써 소비자들의 지갑을 열게 만든다. 그들로 보아 가장 반가운 것은 소비자의 충동구매다. 이건 마치 보너스와도 같기 때문이다. 그래서 그들은 소비자가 어떤 물건을 보는 순간 갑자기 "이걸 꼭 사야 돼!"라고 외치도록 만들고 싶어 한다.

• 슈퍼마켓에서 묶어서 파는 방식을 선택하는 이유는?

이런 목적에서 슈퍼마켓이 쓰는 고전적 수법 중 하나가 "특가 세일!!! 하야니 치약 5통 2만원"이란 광고 문구다. 치약 한 통에 4천 원으로 가격을 낮췄다고 선전해도 되는데, 왜 5개를 묶어서 파는 방식을 선택했을까? 그 답은 뻔하다. 애당초 치약 한 통을 사러 갔던 사람에게 4통을 충동구매하게 만드는 효과를 내기 때문이다. 5통이나 사야 하기 때문에 망설이다가 "에라, 모르겠다."를 외치며 장바구니에 담아 버린다. 바로 이 효과를 노리는 것이다.

• 묶어서 파는 판매 방식이 가장 잘 통하는 상품은?

마케팅 전문가가 분석한 결과에 따르면, 이런 판매방식을 쓸 때 하나씩 따로 팔 때에 비해 판매량이 32%나 증가한다고 한다. 이 방식이 분명히 충동구매를 부추기는 효과를 내고 있다는 뜻이다. 흥미로운 점은 참치 캔과 냉동식품의 판매량 증가폭이 컸다는 사실이다. 그런 판매방식이 특별히 잘 먹히는 상품이 있다는 말이다. 왜 그런 결과가 나왔는지는 독자가 나보다 더 잘 알 것이라고 생각한다.

수법 　 가격을 매기다 　 충동구매 　 부추기다

사실 이런 판매방식은 속이 뻔히 들여다보인다고 말할 수 있다. 어느 누구든 치약 5통을 한꺼번에 묶어서 파는 이유를 쉽게 짐작할 수 있다. 슈퍼마켓이 쓰는 좀 더 교묘한 수법은 "폭탄세일!!! 하야니 치약 4천 원, 단 고객 당 5통 이내"라는 광고 문구다. 이 광고 문구를 보는 순간 소비자는 감탄을 한다. "오. 이런 가격이면 열 통, 스무 통 씩 사려고 하는 사람이 있겠군."

- 이 단락에서 말하는 판매 전략은 위에서 언급한 판매 전략과 무엇이 달라졌나?

정말 이런 것을 막으려고 5통으로 제한했을까? 그럴 수도 있다. 슈퍼마켓이 쓰는 판촉수단의 고전적 사례 중 하나가 '미끼상품'(loss leader)이라는 것이다. 주변에 슈퍼마켓이 여럿 있다고 할 때 소비자는 당연히 가격이 싼 쪽을 선택한다. 그러나 어떤 상품은 이 슈퍼마켓이 더 싸고, 다른 상품은 저 슈퍼마켓이 더 싸기 때문에 가격 비교에 어려움을 겪는다. 물론 자기가 사는 상품들의 가격을 가중 평균해 보면 더 정확한 답을 얻을 수 있다. 그러나 이런 정도로 치밀한 소비자는 거의 없다.

일반적으로 소비자들은 몇 가지 상품들의 가격만 대충 비교해 보고 결론을 내버린다. 이 사실을 아는 슈퍼마켓은 어떤 상품에 특별히 낮은 가격을 매겨 소비자를 현혹시키는 수법을 쓴다. 예를 들어 다른 슈퍼마켓에서 진표 간장 한 병이 대략 5천 원에 팔리는데, 여기서는 3천원이란 비상식적인 가격을 붙여 놓는 것이다. 이처럼 엄청나게 싼 가격표를 본 소비자는 그 슈퍼마켓의 다른 상품들도 마찬가지로 쌀 것이라는 기대를 하게 된다. 바로 이런 성격의 상품을 미끼상품이라고 부른다.

- 미끼 상품이란?

하야니 치약의 1인당 구입 한도를 5통으로 제한한 의도가 그것이 미끼상품의 성격을 갖고 있기 때문일 수 있다. 소비자들이 미끼상품이란 것을 알아채고 사재기를 하면 슈퍼마켓 입장에서는 반가운 일이 아니다. 정말로 손해를 보면서까지 가격을 낮추는 경우가 있는데, 이 경우라면 많이 팔수록 손해다. 그렇기 때문에 고객 한 사람당 구입량을 제한했을 가능성이 있다. 사정이 이렇다면 그게 폭탄세일이라는 소비자의 인식이 맞다. 그러나 더 중요한 다른 이유가 있을 수 있다.

- 왜 상품의 구입 한도를 제한했을 거라고 추측하고 있나?

교묘하다　　판촉　　미끼　　현혹　　알아채다　　사재기　　폭탄세일

- 상품의 구입 한도를 제한한 진짜 이유는?

슈퍼마켓이 5통의 구입한도를 설정해 놓은 본심은 소비자들이 바로 그만큼의 치약을 사도록 유도하려는 데 있을 가능성이 크다. 그들은 소비자들이 닻내림 효과의 영향을 받는다는 사실을 알고 있다. 5통의 구입한도를 설정함으로써 소비자로 하여금 바로 그 수준에 닻을 내리게 유도하는 효과를 노리고 있는 것이다. 만약 이런 닻내림 효과가 정말로 발생한다면 충동구매를 하게 만드는 작전은 멋진 성공을 거둔 셈이다.

일반적으로 소비자는 애당초 얼마만큼 사겠다는 기준을 정하고 거기서 위, 아래로 조정하는 경향을 보인다. 예를 들어 사과 세 개를 사려는 생각을 갖고 슈퍼마켓에 간 사람은 특별한 일이 없는 한 대략 그만큼의 사과를 사게 된다. 갑자기 생각을 바꿔 열 개나 스무 개를 사는 일은 아주 드물다는 말이다. 이때 그 소비자는 사과 세 개에 닻을 내린 셈이다.

- 단순히 치약 가격을 내렸을 때와 구입 한도를 설정해 놓았을 경우의 차이는?

치약을 사러 슈퍼마켓에 간 소비자가 처음 닻을 내린 구입량은 한 통 혹은 많아도 두 통 정도일 것이다. 따라서 단순히 치약 가격만 낮춰 준 경우에는 여러 통을 구입할 가능성이 적다. 반면에 5통의 구입 한도를 설정해 놓으면 그 소비자의 닻이 5통으로 옮겨지는 결과가 빚어진다. 5라는 숫자를 보는 순간 이만큼의 치약을 살까 말까를 고민하기 시작한다. 이는 그의 닻이 1에서 5로 옮겨졌다는 것을 뜻한다.

- 닻내림 효과의 성공 예는?

한 통을 사려던 사람이 이 닻내림 효과 때문에 결국 네댓 통의 치약을 장바구니에 집어넣는 일이 생긴다. 슈퍼마켓 측은 바로 이런 효과를 노려 구입 한도를 설정했을 가능성이 매우 크다. 마케팅 전문가의 분석 결과를 보면, 이 전략이 짭짤한 성과를 가져다주는 것으로 드러난다. 1인당 구매 한도가 없을 때는 평균적인 캔 수프 구입량이 3.3통 이었는데, 12통이란 구매 한도를 설정했더니 7통으로 늘어났다는 것이다. 구매 한도를 설정함으로써 평균 판매량을 112%나 증가시킨 효과를 냈다. 닻내림 효과를 활용한 판촉 전략이 대단한 성과를 거둔 셈이다.

비단 물건을 사는 일뿐 아니라, 다른 많은 일에서도 닻내림 효과가 작용하고 있다, 즉 사람들이 어떤 기준을 설정하고 거기서부터 생각을 시작하는 경향을 보일 때가 많은 것이다. 연봉이 어느 정도는 되어야 한다는 생

설정하다　　유도하다　　전략

각을 갖고 직장을 찾는 경우가 그 좋은 예다. 어떤 곳에서 얼마만큼의 연봉을 주겠다고 제의하면 바로 이 기준과 비교해 그것이 괜찮은지의 여부를 판단하게 된다. 그렇기 때문에 높은 연봉에 닻을 내린 사람은 마음에 드는 직장을 찾기 어렵다.

이제부터는 슈퍼마켓에 갔을 때 여기저기 나붙은 갖가지 광고 문구를 그냥 지나치지 말기 바란다. 그 속에 어떤 의도가 숨겨 있는지 생각해 보면서 쇼핑을 하면 즐거움이 훨씬 더 커질 수 있다. 나는 행복에 관한 하나의 지론을 가지고 있다. 그것은 사소한 일에서도 즐거움을 찾을 수 있는 능력이 행복의 지름길이라는 것이다. 쇼핑을 하면서 경제학을 배우는 즐거움까지 느낄 수 있다면 독자는 아주 행복한 사람이 아닌가?

• 물건 사기 이외에 닻 내림 효과의 예는?

『슈퍼마켓 백배 즐기기』
저자 – 이준구 (경제학 박사, 서울대학교 경제학부 교수)

여부 지론

02 생활 속의 경제

1. 위 글을 요약하십시오.

2. 위 글의 흐름을 가장 잘 설명한 것은 무엇입니까? (　　)

❶ 일상생활 속에서 경험하는 일들의 문제점을 분석했다.
❷ 일상생활 속에서 흔히 접하는 일들을 경제 전문 지식을 통해 설명했다.
❸ 일상생활에서 자주 발생하는 경제 문제를 해결하는 방법을 제시했다.
❹ 일상생활에서 직면하는 경제문제에 대한 소비자들의 올바른 대응 방법을 제시했다.

3. 다음 중 어휘의 의미를 **잘못** 설명한 것을 고르십시오. (　　)

❶ 충동구매 – 쇼핑을 하던 중 계획에 없었던 상품을 사는 것
❷ 폭탄세일 – 한 가지 상품의 가격만을 집중적으로 낮추어 싸게 파는 것
❸ 판촉 – 여러 가지 방법을 써서 소비자가 물건을 사도록 유도하는 것
❹ 사재기 – 물건 값이 오를 것을 예상하여 가격이 쌀 때 미리 많이 사 두는 것

4. 위 글에서 말한 '미끼 상품'의 경제적 기능이 **아닌** 것은 무엇입니까? (　　)

❶ 일부 상품의 가격을 특별히 낮추어 소비자를 유혹하기 위한 상품이다.
❷ 소비자가 살 수 있는 상품의 개수를 제한하는 것도 미끼 상품 전략 중 하나이다.
❸ 소비자가 미끼 상품을 많이 살수록 슈퍼마켓은 이익이다.
❹ 슈퍼마켓은 미끼 상품이 아닌 다른 상품 판매에 더 관심이 있다.

5. 위 글의 내용과 같으면 ○, 다르면 ×표시 하십시오.

1) 묶어서 팔기는 거의 모든 상품에서 효과를 볼 수 있는 판매 전략이다. ( )

2) 소비자들은 여러 상품의 가격을 비교해 보지 않고 미끼 상품이 있는 가게에 들어가는 경향이 있다. ( )

3) 묶어서 팔기는 소비자가 충동구매를 하게 만드는 데에 효과적이다. ( )

4) 상품의 가격을 낮추는 것만으로도 소비자는 계획했던 것 보다 더 많은 개수의 상품을 살 확률이 높다. ( )

6. 저자는 묶어 팔기의 경우 참치 캔과 냉동식품의 판매량 증가폭이 다른 상품에 비해 큰 이유를 독자들이 잘 알거라고 말하고 있다. 저자가 기대하는 답은 무엇입니까?

7. 여러분이 알고 있는 소비자를 유혹하는 판촉 전략에 대해 이야기해 봅시다.

더 읽어 보기

'지름신'이 강림하는 이유

발렌타인데이, 설날, 졸업과 입학 등 행사가 많은 2월이다. 행사에는 꼭 따라붙는 것이 있으니 곧 선물이다. 그런데 선물이나 필요에 의해서 어떤 물건을 사려고 할 때 우리는 판매자들이 펼쳐놓은 그물과 낚시에 걸리기 십상이다. 우리 속을 훤히 꿰고 있는 판매자들이 만들어놓은 교묘한 함정이 곳곳에 배치돼 있기 때문이다.

이런 함정은 사람 심리의 약점을 파고들기 때문에 상술의 근간이 되는 심리학을 알지 못하면 어김없이 이 함정에 걸리게 돼 있다. 생활 속에 깊이 숨겨져 있어 쉽게 발견하기 어려운 경제 활동의 낚시와 그물, 함정을 파헤쳐보자.

신입사원으로 입사해 정장과 셔츠, 넥타이, 스웨터 등을 구입하기 위해 백화점을 방문할 때 점포 직원이 다가와 무엇을 가장 먼저 무엇을 권할까? 교육을 잘 받은 대부분의 직원은 구입하려는 품목 중에서 가장 비싼 양복을 먼저 보여준다. 가장 비싼 물건을 먼저 보여주는 것이 매출을 가장 높일 수 있기 때문이다.

여기에는 '대조효과의 법칙'이라는 함정이 있다. 고급 양복을 사기 위해 큰 돈인 100만원을 낸 고객은 이보다 한참이나 저렴한 5만원의 넥타이나 15만원의 셔츠 비용을 쉽게 지불한다. 가장 먼저 셔츠를 보고 15만원이라는 것을 알았다면 사지 않을지도 모르지만 이미 양복을 사기위해 100만원을 지불한 다음에는 지불할 만하다고 생각하게 된다는 것이다. 이것을 대조효과라고 하는데 처음에 제시된 사물과 나중에 제시된 사물의 차이를 원래 실제 차이보다 훨씬 크게 인식한다는 것을 말한다.

이 법칙은 당구대 판매 실험으로 입증된 바 있다. 브룬스윅이라는 당구대 제조회사는 1주일 동안 가장 싼 모델부터 점차 비싼 모델을 소개시켜주는 전통기법으로, 그 다음주 1주일 동안은 가장 비싼 모델부터 점차 싼 모델을 보여주는 판매법을 사용했다. 첫 1주일 동안 팔린 당구대 평균 가격은 550달러, 하지만 나중 1주일 동안은 1,000달러를 넘었다.

이런 대조효과는 자동차 판매와 부동산 매매와 같은 고가품의 구매에서 특히 두드러진다. 자동차 영업사원은 먼저 기본 품목만으로 가격 흥정을 매듭짓는다. 그런 다음 얼마 되지 않을 것 같은 옵션을 하나하나씩 추가한다. 최종적으로 보면 옵션이 처음에 제시한 기본 품목 가격의 절반 가까이 차지하는 것을 보게 된다. 그러나 이미 차를 구입하기로 했기 때문에 옵션을 빼기가 쉽지 않아진다.

또 집을 구입하거나 세를 얻을 때 대부분의 부동산 중개인은 처음에 좋지 않은 집을 먼저 보여준다. 그런 다음 바로 평범하거나 수리가 잘 된 집을 보여준다. 이럴 경우 소비자가 느끼는 두 집 간의 상태 차이는 실제보다 훨씬 크기 때문에 중개인은 두 번째 집을 좀 더 비싸게 계약할 수 있게 만들 수 있는 것이다.

우리는 이미 속이고 속는 경제 사회에 살고 있다. 앞에서 본 것처럼 복잡한 것을 싫어하는 사람일수록 쉽게 속을 가능성이 높다. 매사에 꼼꼼하게 챙길 수는 없을지라도 '대조효과의 법칙'을 잘 기억한다면 배보다 배꼽이 커지는 과소비를 막을 수 있을 것이다.

『'지름신'이 강림하는 이유』
저자 – 박응서 (수학동아 기자)

1. 위 글에서 말한 '대조효과의 법칙'이 무엇인지 간단히 설명해 보십시오.

2. 과소비를 하지 않으려면 쇼핑할 때 어떤 점에 주의해야 하는지 이야기해 봅시다.

03 문화와 커뮤니케이션

- 사람들이 서로 소통하는 방법에는 어떤 것들이 있습니까?

- 서로 다른 문화권의 사람들이 소통할 때 생기는 문제는 어떤 것이 있습니까?

교양서 읽기 1

커뮤니케이션

세계는 함께 살아가는 삶의 장이다. 함께 살기 위해서는 서로 소통이 가능해야 한다. 즉 커뮤니티(commu-nity)는 커뮤니케이션(commu-nication)을 전제한다. 두 말은 뿌리가 같다. 아내가 물을 달라고 하는데 계속 술을 주는 남편이 있다면 그들은 한 가정에서 함께 살기 어렵다. 서로 의사소통이 되지 않기 때문이다. 그러나 영어밖에 할 줄 모르는 아이와 한국말밖에 할 줄 모르는 할머니가 한 가정에서 살 수 있는 까닭은 커뮤니케이션이 말로만이 아닌 몸으로도 이루어지기 때문이다. 낯선 세계를 여행할 때 문화의 차이 때문에 불편을 겪더라도 잠시이기에 참고 견딜 수 있다. 그러나 이주를 하여 새 삶터에 정착하는 경우에는 커뮤니케이션 문제를 조속히 해결해야 한다. 통역이나 가이드를 항상 데리고 다닐 수는 없기 때문이다. 요컨대 함께 살아가는 방식과 수단이라는 점에서 문화는 커뮤니케이션과 크게 다르지 않다. 커뮤니케이션은 문화 학습의 수단인 동시에 성과다.

- 커뮤니케이션은 언어로만 이루어지는 것이 아니라는 것을 알 수 있는 예는?

한 지역 또는 생활공간에 사람들이 모여 있거나 모여 산다고 해서 그들이 동일한 세계에 속해 있거나 동일한 세계를 구성한다고 말할 수는 없다. 사람과 세계는 서로 중첩되어 있다. 한 사람의 삶은 여러 개의 크고 작은 세계에서 이루어지고, 한 세계에는 토착민에서 외계인에 이르기까지 다양한 사람들이 모여 있다. 그러나 모여 있는 것과 모여 사는 것에는 차이가 있다. 공동체 의식을 가지고 명실상부하게 함께 어울려 사는 것은 더더욱 다르다. 세계는 단순한 물리적 공간이 아닌 문화적 구성체다. 모든 사람들은 세계관을 가진다. 세계관은 세계를 보는 눈이다. 세계는 세계관에 따라 달리 해석되고 달리 구성된다.

- 저자가 생각하는 '세계'는?

소통 　 까닭 　 정착하다 　 요컨대 　 중첩되다 　 명실상부하다

03 문화와 커뮤니케이션

• 자연적인 것과 문화적인 것을 비교한 세 가지 예는?

인간은 보편성과 특수성을 동시에 가지는 존재다. 예컨대 모든 인간이 말할 수 있는 가능성을 가지고 태어나지만, 구체적으로 배워서 말하는 언어는 서로 다르다. 문화는 자연을 길들여서 인간다운 삶을 영위하는 과정이요, 소산이다. 이를테면 말은 소리를 길들인 것이며, 채소는 풀을 길들인 것이고, 혼인은 짝짓기를 길들인 것이다. 소리와 풀과 짝짓기는 자연적인 것이지만, 말과 채소와 혼인은 문화적인 것이다. 서로 다른 환경에 적응하는 과정에서 사람들은 서로 다른 방식의 길, 길들임, 문화를 선택해 왔다. 그리고 그 다름은 흔히 낯섦을 넘어서 두려움으로, 때로는 비하와 배척의 대상이 되었다. 그런데도 인간은 낯선 세계, 다른 문화를 접하지 않고 살아갈 수는 없다. 과학기술의 발달로 이동통신이 한껏 자유로워지면서 그 접촉의 빈도와 심도는 날로 더 커지고 깊어져 간다. 그만큼 다른 세계와 그 문화를 이해하고 수용할 필요성이 절실해졌다. 다음 그림을 보면서 논의를 더 전개해보자.

㉿ ≥ @

姦 ☢ 끝

^^ ? ♨

• 언어 이외에 커뮤니케이션을 할 수 있는 도구는?

여기에 아홉 개의 부호가 있다. 이 부호들은 커뮤니케이션을 위한 도구들이다. 알다시피 '㉿'는 우리 정부가 품질을 보증하는 상품의 표시이며, '≥'는 수학에서 사용하는 부등호다. 왼쪽 항이 오른쪽 항과 같거나 그보다 더 크다는 뜻이다. '@'는 이메일 주소에 사용하는 부호이며, '姦'은 '간사하다'라는 말에 쓰이는 한자 '간'이다. '☢'는 방사능을 표기하는 부호이고, '끝'은 종결을 의미하는 우리 낱말이다. '^^'는 컴퓨터 통신에서 등장한 미소를 상징하는 표정언어(emoticon)다. '?'는 문장 뒤에 놓음으로써 의문문을 만드는 부호이고, '♨'는 온천이나 목욕탕을 나타내는 그림부호(icon)이다.

이 부호들은 만들어진 배경이 있고 사용되는 맥락이 있다. 그 의미와 기능을 습득하는 통로는 다양하지만, 학교를 비롯한 교육기관에서 학습하는 경우가 지배적이다.

우리는 이 부호들을 다 모르고도 살 수 있다. 하지만 '☢'과 같은 부호는

영위하다 비하 부호 보증하다 표기하다 맥락

모르면 위험에 처할 수도 있다. 이 부호가 붙은 방에 함부로 들어가다가는 목숨을 잃을 수도 있다. 일반적으로 말해서 이 부호들을 많이 알수록 우리의 삶

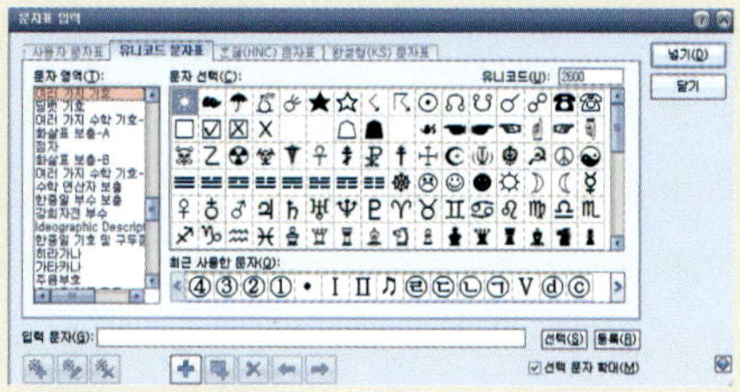

은 좀 더 효율적이고 풍부해진다. 세계를 이해하고 살아가는 데 유용한 지식이기 때문이다. 예컨대, 부등호 '≥'는 "왼쪽 항이 오른쪽 항과 같거나 그보다 더 크다"라는 장황한 설명을 축약해서 소통할 수 있게 해 준다. 그리하여 수학적 커뮤니케이션의 효율성을 높여준다. 우리 사회에서 자라고 웬만큼 학교교육을 받은 사람은 이 아홉 개 부호들의 의미를 다 알 것이다. 그러나 이 아홉 개의 부호의 의미를 다 이해하고 활용하지 못하는 사람들도 적잖다. 이를테면 젖먹이는 이 부호 어느 것도 모를 것이며, 팔순 노인은 '@', '☢', '^^' 등의 부호는 잘 모를 수 있다. 우리 사회에는 이 부호들을 아는 사람과 모르는 사람이 섞여서 산다. 섞여서 살지만 그들 사이에는 커뮤니케이션상의 불편이 있다. 불편하지만 감내하고 포용하며 사는 것이다.

• 부호가 가지고 있는 기능은?

여기서 우리는 문화의 차이와 교류, 즉 다문화 현상을 발견한다. 이를테면 '≥', '@', '☢', '?'는 만국 공통의 부호들이다. 반면에 '㉿'와 '끝'은 우리 사회에서만 통용된다. 물론 한글을 배우고 우리 상품을 소비하는 외국인은 두 부호에 익숙할 수도 있다. 실은 만국 공통이라고 하는 '≥', '@', '☢', '?' 등의 부호들도 한반도에서 자생한 것이 아닌 수입된 것이다. 말하자면, 이 맥락에서 부호로 상징되는 문화는 학습을 통해 전달되고 공유되는 것이다. 이 사실은 한 사회 내부에서도 마찬가지다. 예컨대 할아버지가 표정언어 '^^'를 배워서 사용하면 손자와 소통의 폭을 넓히게 된다. 바로 이 지점에서 문화, 커뮤니케이션, 교육이 만난다.

• 다문화 현상을 부호에서 발견할 수 있는 이유는?

『커뮤니케이션』
저자 – 조용환 (교육학 박사, 서울대학교 교육학과 교수)

장황하다　　감내하다　　통용되다　　자생하다

03 문화와 커뮤니케이션

1. 위 글을 요약하십시오.

2. 위 6개 단락 가운데 한 사회의 다문화 현상에 대한 저자의 주장과 관련이 있는 단락으로 묶인 것은 무엇입니까? (　　)

❶ 단락 2, 3　　❷ 단락 3, 5　　❸ 단락 2, 6　　❹ 단락 4, 6

3. 다음 어휘 중 위 글에서 설명하고 있는 의미와 맞지 **<u>않는</u>** 것을 고르십시오. (　　)

❶ 문화 – 자연을 길들여가는 과정이다.
❷ 문화 – 학습을 통해 공유되고 전달된다.
❸ 커뮤니케이션 – 문화 학습의 수단이며 성과이다.
❹ 커뮤니케이션 – 교육기관을 통해서 학습되어지는 것이다.

4. 위 글에서 마지막 문장 '바로 이 지점에서 문화, 커뮤니케이션, 교육이 만난다'는 말은 무슨 의미입니까?

5. 위 글의 내용과 같으면 ○, 다르면 ×표시 하십시오.

1) 문화는 특정사회의 구성원들이 함께 살아가는 방식과 수단이다. ( )

2) 한 사람의 삶에도 여러 세계가 있다. ( )

3) 사회에서 통용되는 부호들은 자기가 살고 있는 사회 내에서만 통용된다. ( )

6. 위 글에서 부호의 예를 든 이유는 무엇입니까? ( )

❶ 한 사회의 다문화 현상을 설명하기 위해 부호의 예를 들고 있다.

❷ 커뮤니케이션상의 불편을 설명하기 위해 부호의 예를 들고 있다.

❸ 자연적인 것과 문화적인 것의 차이를 설명하기 위해 부호의 예를 들고 있다.

❹ 커뮤니케이션은 문화와 다르지 않다는 것을 설명하기 위해 부호의 예를 들고 있다.

7. 한 사회에서도 문화의 차이와 교류 즉 다문화 현상을 발견할 수 있습니까? 동의한다면 그것이 드러나는 구체적인 예를 들어 설명하십시오. 반박한다면 그 이유를 설명하십시오.

교양서 읽기 2

문화 간 인간관계

• 문화의 '이해'는 어떤 점에서 지식의 습득과 다른가?

• 다른 문화를 이해하기 어려운 이유는?

문화를 이해한다는 것은 단순히 지식을 습득하는 과정과 다르다. 지식은 습득하는 사람이 자신의 필요에 의해서 취사선택한다. 상대방의 의도, 또는 그의 주관적인 의미는 중요하지 않다. 그러나 이해는 상대방의 의도를 파악하는 데 있어서 단순히 그가 사용하는 언어의 객관적인 내용 분석에만 그치지 않고, 듣는 사람이 잠깐 동안 말하는 사람의 입장이 되어서 생각해 보는 것을 말한다. 그렇기 때문에 '이해'는 듣는 사람이 자신에게 익숙한 기존의 입장을 떠날 수 있는 정신적인 또는 지적인 사고 능력을 전제로 한다. 이것이 반드시 교육의 수준에 비례한다고 볼 수는 없지만 일반적으로는 소위 학력이 높은 사람들이 높은 이해의 능력을 보인다. 지식을 소화하는 과정에서 지금까지 자신이 경험 또는 체험하지 못했던 사실들을 자기 것으로 만들어야 하기 때문이다. 그러나 한국의 경우는 교육 수준이 높다고 해서 반드시 이해의 능력까지 비례한다고 보기 어렵다. 왜냐하면 교육 방법이 지나치게 암기 위주이기 때문이다. 그리고 한국의 유교문화는 이해가 가족, 친척, 친구들의 사적인 관계에만 강조될 뿐 모르는 타인 또는 이방인에게까지 해당되는 것은 아니다.

동일한 문화를 공유하는 사람들 간의 이해도 쉽지 않지만, 이방인으로서 현지인들의 입장이 되어서 이해한다는 것은 훨씬 더 힘들고 경우에 따라서는 위험하게 느껴지기조차 한다. 왜냐하면 다른 사람의 입장이 되어 보는 것은 궁극적으로 자신에게 익숙한 문화에 대한 비판적인 눈도 허용하는 것을 의미하기 때문이다. 그러나 대부분의 사람은 자신의 문화를 지금까지와는 다른 관점에서 봐야 한다면, 그것도 비판적인 눈까지 허용해야 한다면 자신의 정체성에 대해 혼란을 느낀다. 즉, 문화 충격을 느낀다. 그러나 수영을 하지 못하는 사람이 바다 한가운데서 살아나는 방법은 수영을 하는 길 이외는 없다. 이와 마찬가지로 문화 간 인간관계에서 문화 충격으로부터 벗어나는 방법은 문화를 이해하는 것 이외는 없다.

취사선택하다　비례하다　위주　이방인　현지인　궁극적　정체성

이방인이 현지인의 입장에서 현지 문화를 이해하는 것은 어떻게 가능한가? 사람들이 투명인간이 되어서 다른 사람 속으로 들어갈 수 없는 한, 인간의 '문화의 이해'라는 것도 독특한 인지적인 과정의 도움 없이는 불가능하다. 그러면 문화의 이해는 어떻게 가능한가?

첫 번째, 문화의 이해는 정확한 관찰과 깊은 성찰의 능력을 요구한다. 그러나 항상 익숙한 것 속에서만 사는 사람들은 특별히 관찰이나 성찰할 필요성을 느끼지 않고 있기 때문에 대부분 자신이 그러한 능력을 갖고 있는지조차 알지 못한다. 그러나 다른 문화를 이해하기 위해서는 단순히 다른 사람을 관찰하는 것에만 그치지 않고, 자신의 관찰이 다시 자신에게 익숙한 문화에 의해서 어떻게 영향을 받는지에 대한 관찰과 성찰도 해야 한다. 왜냐하면 상대방을 일방적으로 평가하는 결과로 빠질 수 있기 때문이다. 그 단적인 예가 현지인의 문화를 자신의 관점에서 바라보고 그것을 '모순'으로만 해석하는 것이다.

• 다른 문화를 이해하기 위해서는 무엇에 대한 관찰과 성찰이 필요한가?

두 번째, 문화의 이해는 문화 간의 차이를 인정한다. 흔히 문화 간의 차이를 말하면 개별 국가 문화의 고유성 또는 독창성만 강조하는 것처럼 보인다. 그러나 『국화와 칼』의 저자인 미국 여성 인류학자 베네딕트(Ruth Benedict, 1998)에 의하면, 문화의 차이는 너와 나를 경계 짓고 그 우월성을 평가하게 하는 역할을 하는 것이 아니라 상대방에 대한 보다 깊은 이해에 도달하게 하는 역할을 한다. 똑같은 일본 영화를 보더라도 일본 사람이 그 영화를 이해하고 해석하는 것은 미국 사람과 판이하게 다르다. 즉, 문화 간의 차이가 나타난다.

• 베네딕트는 문화 간 차이를 인정하는 것이 어떤 역할을 한다고 했나?

이 경우 일본인과 미국인은 서로 자신들의 논리가 맞다고 생각하고서 상대방이 일방적으로 자신들의 문화 이해를 좇아주기를 기대한다. 그러나 베네딕트에 의하면 문화 간 차이를 진정으로 인정하는 사람들은 결코 이러한 일방적인 태도를 취하지 않는다. 오

인지 고유성 판이하다

• 자신의 문화에 대한 '거리두기'의 장점은?

히려 이들은 왜 일본 사람들은 혹은 미국 사람들은 다른 생각을 하게 될까 하고 질문을 한다. 이 때 그는 비로소 자신의 익숙한 문화적인 틀을 벗어나 상대방의 입장에서 그 문화에 대한 이해를 시도한다. 이를 잘못 이해하면 마치 미국 사람이 또한 일본 사람이 자신들 고유의 문화적인 정체성을 다른 상대방의 문화적인 정체성으로 대체시키는 것으로 생각하기 쉽지만 결코 그런 현상은 일어나지 않는다. 오히려 사람들은 상대방 문화를 자신의 문화와 비교함으로써 양쪽 문화를 훨씬 체계적으로, 그리고 심층적으로 이해하게 된다. 이 때 사람들은 비로소 평소에 당연하게 생각하던 자신의 문화를 다른 관점에서 보는 기회를 가지게 된다. 즉, 자신의 문화를 다른 사람에게 이해시키기 위해서, 자신의 문화를 다른 사람의 언어로 이해될 수 있게끔 만들기 위해서 노력도 한다. 다시 말해 자신의 문화에 대한 '거리두기'가 가능해진다. 이처럼 자신의 문화에 대한 거리두기가 가능하면 다른 문화에 대해서도 더 이상 지나치게 방어적인 태도를 취하지 않게 된다. 그리고 이는 사람들로 하여금 다른 문화에 대한 감정이입 또는 현상학적인 해석을 훨씬 수월하게 만드는 효과를 가져다준다. 베네딕트는 문화 간 차이를 인정하기 위해서는 무엇보다 강인한 정신이 요구된다고 말한다. 이는 무엇보다 다른 문화를 자기에게만 익숙한 문화적인 틀에 집어넣고자 하는 유혹에서 벗어나야 하기 때문이다.

미국의 세계적인 인류학자인 기어츠(Cliford Geertz)는 이방인으로서 현지인의 문화를 이해한 사람은 다음과 같은 특징을 갖고 있다고 말한다.

"어떤 한 민족의 문화를 이해한다는 것은 그들 생활의 일상적이고 평범한 면을 밝히는 것이며, 그렇게 할 때 개개의 사건이나 행위가 지니는 특수성을 감소시키지 않아야 하는 것이다(모로코인들에 대한 나의 이해가 깊어짐에 따라 그들의 행동은 더욱더 논리적인 것으로 보였으며 또한 어떤 경우에 유사한 다른 행위와 구별되는가가 보다 더 분명히 드러났다). 그들의 문화를 이해함으로써 우리는 그러한 행동들이 지니는 불투명함을 극복하고 아주 일상적인 것으로 그것들을 이해할 수 있게 된다."(Geertz, 1997, p.26)

『문화와 인간관계』
저자 – 신인아 (사회학 박사, 고려대학교 한국사회연구소 선임연구원)

대체시키다　　심층적이다　　방어적이다　　감정이입　　현상학적이다　　불투명성

1. 위 글을 요약하십시오.

2. 위 글을 크게 세 부분으로 나누어 소제목을 붙인다면 적절한 것은 무엇입니까? (   )

❶ 문화의 이해 – 문화 충격 –문화 간의 차이의 의미
❷ 지식과 이해의 차이 – 문화 충격 – 다른 문화 이해의 가능성
❸ 문화의 이해 – 다른 문화 이해의 어려움 – 다른 문화 이해를 위한 태도
❹ 지식과 이해의 차이 – 다른 문화 이해의 어려움 – 다른 문화 이해의 특징

3. 위 글에서 이야기하고 있는 자기 문화에 대한 '거리두기'의 의미를 적절하게 설명하고 있는 것을 고르십시오. (   )

❶ 익숙한 것에 대해 자세히 관찰하는 것을 의미한다.
❷ 다른 문화의 입장에서 자신의 문화를 비판하는 것을 의미한다.
❸ 자신의 문화와 다른 문화의 차이점을 생각해 보는 것을 의미한다.
❹ 당연하게 여기던 자신의 문화를 다른 관점에서 보는 것을 의미한다.

4. 위 글에서 진정으로 문화 간의 차이를 인정하는 사람들의 태도는 어떠하다고 합니까?

5. 위 글의 내용과 같으면 ○, 다르면 ×표시 하십시오.

1) 지식을 습득할 때 상대방의 의도나 주관적인 의미는 중요하지 않다. (　　)
2) 다른 문화를 제대로 이해한다는 것은 그 사람들을 면밀히 관찰하여 차이점을 발견하는 일이다. (　　)
3) 문화 간 인간관계에서 문화의 차이가 지니는 역할은 너와 나를 경계 짓고 개별 국가 문화의 고유성을 강조하는 것이다. (　　)
4) 문화의 이해는 문화 간의 차이를 전제로 한다. (　　)

6. 위 글 마지막 부분에 기어츠(Cliford Geertz)의 말을 인용한 것의 효과로 적절하지 **않은** 것은 무엇입니까? (　　)

❶ 다른 문화를 이해하게 되면 그 문화가 논리성을 지니고 있음을 알게 된다.
❷ 다른 문화를 이해하게 되면 일상적이고 평범한 것 속에도 특수성이 있음을 알게 된다.
❸ 다른 문화를 이해하게 되면 비슷해 보이는 행동들도 구별되는 차이가 있음을 알게 된다.
❹ 다른 문화를 이해하게 되면 불투명하게 느껴지던 그들의 행동들을 이해할 수는 없지만 있는 그대로 인정하게 된다.

7. 자신의 문화를 상대방에게 이해시키기 위해서 자신의 문화에 대한 '거리두기'가 가능해진다고 생각합니까? 이 의견에 동의한다면 그러한 예를 들어 설명해 보십시오. 또한 반박한다면 그 이유를 들어 설명하십시오.

더 읽어 보기

대중문화 안에서 나를 찾기

한국의 록 그룹 '크래쉬'의 노래 중에 '니가 진짜로 원하는 게 뭐야'가 있다. 다소 파격적인 가사를 부분적으로 옮겨 보면 다음과 같다. "사는 대로 사네 가는대로 가네 그냥 되는대로 사네…… 니가 진짜로 원하는 게 뭐야? 네 인생 전부를 걸어 보고 싶은 그런, 니가 정말 진짜로 원하고 네 전부를 걸어 보고 싶은 그런, 니가 진짜로 원하는 게 뭐야! 그 나이를 처먹도록 그걸 하나 몰라!…… 이거 아니면 죽음 정말, 이거 아니면 끝장 진짜, 네 전부를 걸어 보고 싶은 그런, 니가 진짜로 원하는 게 뭐야?"

이 노래는 자신이 스스로 삶의 주인이 되고자 하는 우리의 보편적 심경을 잘 반영한다. 우리 모두는 자신의 삶의 주인이기를 원한다. 누가 나를 대신하는 삶이나 누군가가 대신 정해 준 목적에 따르는 삶은 원하지 않는 것이다. 이처럼 자기답고자 함을 의미하는 개념이 진정성(anthenticity)이다. 진정성은 어원적으로 스스로 자신(self)을 정립함(place)의 의미를 갖는다. 즉, 자신의 내면에서 생성된 삶의 방식으로 자신의 본연성이나 독자성을 추구하는 것 즉 자신만의 삶의 방식을 의미한다. 진정성은 어느 시대에나 중요한 가치였지만 근대 이후에 더욱 중요하게 부각된다. 고대에는 개인의 진정성이 신분 질서에 기반을 둔 공동체 안에서 추구되었고, 중세에는 종교 안에서 지향되었다면, 근대에 오면 진정성의 토대가 어떤 외부의 것에도 의존하지 않고 전적으로 자신의 내면에서 유래하는 것으로 간주된다. 그 때문에 근대 이후의 문화에서 개인의 삶의 가치를 스스로 정립하고 그에 따라 사는 것은 더욱 중요해진다.

진정성 개념의 호소력은 자아의 핵심 질문인 어떻게 살아야 하는가에 대한 관심에서 비롯되는데, 철학자 장 자크 루소는 이렇듯 자신을 찾고자 하는 의식을 '실존의 느낌'이라 표현한 바 있다. 이 실존의 느낌은 작가가 작품을 만들듯 자신의 삶을 만들어 갈 때 획득하는 것으로, 이러한 심리는 자신을 표현하고자 하는 욕구를 수반한다. 우리가 진정성 있게 살고자 할 때 그것은 삶의 태도로도 내재화되지만 문화적 표현으로 드러나기도 한다. 근대인의 후예인 현대인들은 자기다움을 중시하는 만큼 자신을 표현하는 일에도 관심을 갖는다. 내가 정립한 가치, 나의 삶, 나의 개성은 머릿속에서만 존재하는 것이 아니라 창작이나 소비를 통해 나의 스타일로 표현된다. 직접 글을 쓰든 누군가의 글을 읽든 그 행위는 자신의 삶을 스스로 만들어 가고자 하는 개성의 요구에 기반을 두고 있다.

대중문화는 대중이 실존의 느낌인 진정성을 반영하고 실현하는 친근한 매체가 된다. 대중은

03 문화와 커뮤니케이션

대중문화를 자신의 진정성을 실현하는 매체 혹은 자기표현의 수단으로 활용한다. 한 편의 노래는 평생의 동반자이자 기억을 불러내는 실마리가 되고, 한 편의 영화는 타인의 삶을 통해서 자신의 삶을 돌아보는 계기가 되며, 한 권의 책은 일생을 같이하는 좋은 안내자가 된다. 대중문화가 제공하는 수많은 내러티브는 사람들의 삶에서 중핵이 되는 문제들과 공명한다. 대중문화는 그 시대의 아픈 삶의 단편들을 건드리고 대중은 그 이야기의 한 끝에 자신의 이야기를 엮어 가는 것이다.

대중문화를 통한 진정성의 추구는 왜 사람들이 자신이 좋아하는 영화를 보기 위해 주말의 황금 시간을 보내는지, 자신이 좋아하는 노래를 컬러링으로 들려주는지 하는 것들을 설명하는 단서가 된다. 또한 왜 어른이 되어서도 자신이 좋아하는 가수의 팬임을 자부하는지, 같은 장르의 영화를 좋아하는 사람들이 모여 이야기를 나누는 동호회 활동을 하는지도 알게 해 준다. 우리가 각자 문화 안에서 진정성을 찾고자 하는 열망이 자신의 삶 속에 대중문화를 들여오게 하는 것이다.

『대중문화 안에서 나를 찾기』
저자 – 한남숙 (카톨릭대학교 초빙교수)

1. 자신이 좋아하는 노래나 영화, 책이 인생에 어떤 영향을 미쳤는지 이야기해 봅시다.

2. 사람들이 대중문화를 좋아하는 이유에는 어떤 것이 있는지 이야기해 봅시다.

04 독서와 사고

- 여러분은 왜 책을 읽습니까?

- 인쇄 매체와 영상 매체는 내용을 이해할 때 어떤 차이가 있습니까?

교양서 읽기 1

현대 사회의 독서 환경

현대 사회의 독서는 여러 가지 도전에 직면해 있다. 그 도전의 첫째 마당은 텍스트의 물리적 형태이다. 지금까지의 독서 문화에서 '책'이라는 형태는 거의 절대적인 것이었다. 그런데 그것이 심각하게 도전받고 있다. 종이에 기록되는 활자 문화의 움직일 수 없는 상징으로서, 파피루스 이래 수천 년을 지배해 온 '책'의 정형(定型)이 도전받고 있는 것이다. 도전의 주체는 물론 영상 매체이다.

- 현대 사회에서 독서에 도전하는 것은?

텔레비전이 보편화되면서 필자들은 쿠텐베르크식 인쇄 매체를 무력하게 만드는 영상 매체의 위력 앞에 '글'의 죽음을 인정할 수밖에 없었다. 사람들은 책장을 펼치는 대신에 텔레비전 스위치를 켰고, 이미지(image)를 '읽는' 대신에 사실(fact)을 '보는' 편을 선택했다. 일관성과 연속성, 그리고 단성성(單聲性)에 의존해 오던 인쇄 매체는 이제 복합성과 불연속성, 다성성(多聲性)을 특징으로 하는 영상 매체와 경쟁해야만 했고, 그 결과는 전자의 참담한 패배였다. 맥루한의 말처럼 문어적(文語的)인 활자 문화는 이제 드디어 구어적(口語的)이고 시청각적인 영상 문화에 자리를 내주고, 역사 속으로 사라져가는 것처럼 보였다.

- 영상 매체가 위력을 펼치게 된 계기는?

하지만 1990년대 이후 첨단 매체들이 개발되면서 '책' 쪽에서도 나름대로의 응전력을 갖추는 모습을 볼 수 있다. 그 방법은 종이와 활자로 정형화되었던 책의 개념을 더 탄력적으로 확대해 나가는 것이다. 이는 컴퓨

- 하이퍼픽션의 특징은?

직면 무력하다 위력 불연속성 참담하다 첨단 응전력

터를 글쓰기의 중요한 수단으로 받아들임으로써 가능해졌다. 하이퍼픽션(hyperfiction)이 그 보기로서, 하이퍼픽션이란 수백 가지의 다양한 줄거리 전개가 가능한 컴퓨터 전용 전자책을 가리킨다. 여기서는 독자가 소설 속의 인물이 되어 줄거리를 끌어가거나, 특정한 상황을 만들어 작품에 직접 참여할 수 있다. 하이퍼픽션은 머지않아 시청각 자료나 동영상 자료와 연결되는 하이퍼미디어(hypermedia)로 발전할 텐데, 그렇게 되면 텍스트를 읽으며 마우스를 클릭하는 것만으로 관련되는 음악이나 영화의 한 부분을 감상할 수 있다.

• 매체가 달라지면서 표현과 전달의 효과를 높이게 된 텍스트는?

매체 변화에 따른 책의 형태와 개념 변화는 독서의 고유한 본질을 훼손하는 것인가, 아니면 발전시키는 것인가. 그리고 이러한 현상은 읽기 텍스트의 변화인가 아니면 확장인가. 여기에 대해서는 구체적인 영역에 따라 다른 주장이 가능하다. 예컨대, 설명적이거나 설득적인 텍스트의 경우에는 읽기 텍스트가 확장되는 것으로 볼 수 있다. 텍스트의 특성상 본질적인 변화는 일어나지 않으면서 표현과 전달의 효과를 높이는 방법으로 나아가기 때문이다. 그러나 문화적이거나 친교적인 텍스트들은 그렇게 명쾌하게 판단하기가 어렵다. 글로 쓴 편지와 영상 메일 사이에는 그 형태와 표현 방법 면에서 분명히 질적인 차이가 있는 것으로 보이기 때문이다.

• 현대 사회에서 달라진 독자의 심리는?

독서를 대하는 독자의 심리적 태도가 달라진다면 이 또한 독서를 향한 도전이라 할 수 있다. 예를 들어, 전통적 독서와 새로운 매체 읽기는 정보 수용의 효율성 면에서 차이가 나고, 이로 인해 독자는 매체 중심의 수용으로 끌리게 된다. 이처럼 기존의 독서는 무언가 시대에 뒤떨어진 것이라고 믿는 생각이 널리 퍼질 때, 책을 중심으로 한 전통적 독서는 심각한 도전에 직면한다.

• 현대인이 독서를 하기 어려워진 이유는?

독서를 대하는 심리의 변화는 대중 매체가 제공하는 오락이 엄청나게 많다는 것과 더불어, 여가(餘暇)의 질과 양이 비약적으로 증가하고 있는 데서도 비롯된다. 텔레비전은 물론이고 스포츠, 영화, 연예, 오락과 같은 여가는 독서에 필요한 시간과 노력을 빼앗아 간다.

훼손하다 비약

늘어나는 여가 속에서 표류하는 독서는 독서의 진정성에 대한 심각한 도전이 된다. 이런 양상을 두고 어떤 이는 현대인의 독서를 '잡식성 읽기'라고 명명하기도 하였다. 즉, 첨단의 유행과 각종 복합 매체에 의해서 길들여진 현대 독자들은 그저 쉽게 손에 잡히는 것을 건성으로 읽는다는 것이다. 이럴 경우 독서의 동기와 목적은 중요하지 않으며, 독서 결과도 쉽게 잊혀지고 만다. 많은 청소년이나 직장인들이 스포츠 신문을 사서 읽고는 그 자리에서 버리는 모습이 여기에 해당한다.

• 잡식성 읽기란?

잡식성 읽기의 또 한 가지 특성은 마치 어두운 터널을 통과하듯이 단숨에 읽어 버린다는 점이다. 이는 독자들이 만화나 그래픽으로 구성된 독서 자료에 익숙해져 있기 때문이기도 하고, 독서 자체가 여가 활동으로 일어나기 때문이기도 하다. 여기서 우리가 놓치지 말아야 할 것은 '잡식성 읽을거리'들이 그 자체로 독립된 정보물이라기보다는 대개 텔레비전, 영화, 비디오, 컴퓨터 통신 등의 대중 매체와 이중삼중으로 연관되어 있다는 점이다. 스포츠 신문을 상상해 보면 금방 알 수 있다.

• 잡식성 읽을거리의 특징은?

이러한 잡식성의 읽기가 일상화되는 과정에서 현대의 독자들은 독서에 대한 진정성을 가지지 못하고, 오히려 여가 내지 게으름의 상태로 독서에 임하게 된다. 여가의 에너지가 창조적으로 활용되지 못하고, 말초적 자극의 탐닉이나 유아적(幼兒的) 퇴행성으로 나가게 될 경우, 독서는 심각한 도전에 직면한다.

• 잡식성 읽기의 문제점은?

『현대 사회의 독서 환경』
저자 – 박인기 (교육학 박사, 경인교육대학교 국어교육학과 교수)

표류　　잡식성　　건성　　말초적　　탐닉　　퇴행성

04 독서와 사고

1. 위 글을 요약하십시오.

2. 다음은 이 글을 두 부분으로 나눈 표입니다. 다음 표를 완성하십시오.

단락의 첫 부분	현대 사회의 독서가 직면한 도전
현대 사회의 ~	2)
1)	3)

3. 인쇄 매체와 영상 매체의 특징을 설명하는 어휘를 분류해 봅시다.

일관성 복합성 불연속성 연속성 단성성 다성성 문어적 시청각적

인쇄 매체

영상 매체

4. 위 글에서 말한 1990년대 이후 책에 나타난 변화는 무엇입니까? (　　)

❶ 구체적인 시청각 자료를 동원하여 독자의 이해를 돕고 있다.

❷ 컴퓨터로 다양한 줄거리 전개가 가능한 하이퍼픽션이 등장했다.

❸ 하이퍼픽션에 동영상 자료가 연결되어 하이퍼미디어로 발전했다.

❹ 텔레비전이 보편화되면서 쿠텐베르크식 인쇄 매체가 무력해졌다.

5. 위 글의 내용과 같으면 ○, 다르면 ×표시 하십시오.

1) 컴퓨터 매체 상의 설명적이거나 설득적인 텍스트는 읽기 텍스트가 아니다. (   )
2) 건성으로 읽고 버리는 스포츠 신문은 잡식성 읽을거리의 대표적인 예이다. (   )
3) 현대 사회의 독자는 활자 매체에 비해 시청각 매체가 제공하는 정보를 더 쉽게 이해한다. (   )

6. 저자가 주장하는 것은 무엇입니까? (   )

❶ 활자 문화는 영상 문화에 밀려 사라질 것이다.
❷ 하이퍼픽션은 독서의 고유한 본질을 훼손한 것이다.
❸ 대중 매체와 연계된 잡식성 읽기가 일상화되어야 한다.
❹ 현대 사회의 독서는 매체와 독자 측면에서 심각한 도전을 받고 있다.

7. 저자는 설명적이거나 설득적인 텍스트의 경우는 활자 문화에서 영상 문화로 확장하는 것이 표현과 전달의 효과를 높일 수 있다고 합니다. 이러한 텍스트의 다변화가 대학의 독서 환경에는 어떤 영향을 미칠 거라고 생각합니까? 왜 그렇게 생각하는지 근거를 들어서 설명해 봅시다.

교양서 읽기 2

분석적 · 비판적 독서

• 저자가 생각하는 이 글의 독자는?

독서는 모름지기 분석적이면서 비판적으로 행해져야 한다. 내용에 대해 꼼꼼히 따져 보고 비판하면서 읽어야 한다는 것이다. 그러나 배우는 입장에서 전문적인 연구 논문들을 처음부터 분석적이고 비판적으로 읽는다는 것은 불가능에 가깝다. 따라서 초심자들은 먼저 개론서나 입문서를 읽을 필요가 있다.

• 개론서나 입문서를 읽을 때 같이 보면 좋을 문헌들은?

개론서나 입문서를 읽을 때는 가장 최근에 발간된 문헌과 전문가나 지도 교수가 잘 된 것으로 추천하는 문헌을 같이 보는 것이 좋다. 가장 최근에 발간된 문헌은 관련 주제에 대한 기존 연구들을 파악하는 데 필요하며, 추천 받은 문헌은 내용을 파악하는 데 훌륭한 길잡이가 되기 때문이다.

• 입론서나 개론서를 읽을 때 주의할 점은?

주의할 점은 입문서나 개론서에 너무 얽매여서는 안 된다는 것이다. 길잡이로는 더없이 좋을 수 있으나 각론서들을 읽는 단계에 선입감을 심어줄 수 있기 때문이다. 개론서나 입문서에서 각론서에 대한 비판이 서술되었을 경우에는 그 비판을 잘 정리해 두어야 한다. 나중에 각론서를 읽을 때 그 비판이 옳은지를 반드시 따져보기 위해서이다. 주석서일 경우에는 더욱 조심해야 한다. 주석서는 원전들을 해석하고 주해한 것이므로, 반드시 원서를 제대로 읽고 나서 읽는 것이 좋다.

• 분석적·비판적 독서의 세 단계는?

입문서와 개론서를 통해 독서할 문헌들을 선정하고 나면, 본격적인 분석적 · 비판적 독서에 들어갈 준비가 된 셈이다. 분석적이고 비판적인 독서는 주제와 문제 제기 및 주장을 파악하는 독서 도입 단계에서 시작하여, 논증과 내용을 숙지하고 내용과 주장을 해석하는 본격적인 독서를 거쳐, 내용과 논증 및 주장에 대한 비판을 시도하는 독서 마감 단계까지 밟는 모든 과정을 포함하는 개념이다.

모름지기 초심자 개론서 입문서 문헌 각론서 주석서 원전 주해

먼저, 독서에 들어가기 전에 그 문헌이 무엇에 대한 것이며 어떤 주장을 하는지를 파악한다. 문헌 선정의 단계에서 이미 그 주제에 대해서는 일정하게 파악했을 것이다. 그러나 선정 단계에서의 파악은 자신이 관심을 가졌거나 연구할 주제와 관련이 있다는 정도일 경우가 많다. 그와 달리 선정된 문헌의 본격적인 독서에 들어가기 전에 할 일은 그 문헌이 다루고 있는 주제를 명확히 파악하는 것을 말한다.

• 독서를 시작하기 전과 후에 문헌을 대할 때 차이점은?

최근에는 목차를 따로 구성하거나, 논문의 제목도 주제와 주장을 알 수 있게 다는 경우가 많다. 그러나 목차를 따로 구성하지 않거나 연구 대상만 알 수 있게 제목을 다는 경우도 적지 않다. 이러한 경우에는 서론과 결론을 속독하여 요점을 파악하는 것이 큰 도움이 된다. 저자의 문제 제기와 주장을 알고 읽는다면, 이후 논리 전개를 쉽게 숙지할 수 있기 때문이다.

• 도입 단계에 해야 할 일은?

다음으로 본격적인 독서 단계에서는 우선 논증과 내용을 숙지하며 읽는다. 핵심 단어들에 관심을 가지고 중요한 문장을 발견하여 저자의 주요 명제들을 파악해야 한다. 일련의 문장 속에서 저자의 논증을 발견한 후, 몇 개의 문장을 끄집어내어 논증을 짜맞추어 본다. 앞부분에서 이해한 부분과 뒷부분에서 이해한 부분이 모순이 있다고 생각되거나 연결이 석연치 않을 때가 있다. 그러면 잠시 독서를 중단하고 정리하는 것이 좋다. 문헌 자체에 문제가 있는 경우가 아니라면, 논증의 단계를 빼고 읽었거나 제대로 이해하지 못한 것이다. 필요하다면 다시 앞부분으로 돌아가 내용을 연결해 보아야 한다. 다시 말해 정리하면서 읽어야 한다는 것이다. 독서를 제대로 했다면 책을 다 읽고 난 후에는 원문의 길이와 상관없이 한 문장으로 그 내용을 요약할 수 있어야 한다.

• 본격적 독서 단계에서 먼저 해야 할 일은?

사람마다 독서하는 방법이 다를 수 있다. 그러나 어떠한 경우에도 건성으로 읽어서는 안 된다. 집중하여 생각하면서 읽어야 한다. 사회과학 서적을 읽는 것은 소설을 재미삼아 읽고 영화를 흥미로 보는 행위와 같을 수 없다. 중요한 부분은 표시하고 적어가면서 읽어야 한다. 중요한 단어에는 밑줄과 같은 표시를 하고, 중요한 단락에는 자신의 생각과 해석을 간단히 적어두는 것이 좋다. 독서를 계속해 가면서 그 생각이 더 심화될 수도 있

• 사회과학 서적을 읽을 때 필요한 독서 방법은?

석연치 않다 해석

• 내용과 주장을 해석하면서 읽어야 하는 이유는?

• 3개의 예는 각각 무엇에 대한 예인가?

지만, 단편적인 생각으로 끝날 수도 있기 때문이다. 그러나 그 단편적인 생각도 버리기에는 아까운 번뜩이는 비판일 수도 있다. 표시하고 적어두며 그 내용들을 정리하면서 읽는 것이 바로 생각하는 독서이다.

본격적인 독서 단계의 두 번째는 내용과 주장을 해석하면서 읽어야 한다는 것이다. 독서하는 중간에 떠오르는 의문과 생각들을 적어두는 것이 이미 해석의 행위이다. 그러나 여기에서 이야기하고자 하는 것은 내용과 주장이 함의하는 바가 무엇인지를 더 심사숙고하면서 읽어야 한다는 것이다. 사회과학 문헌들은 정확하고 직설적인 주장을 하는 것이 대부분이다. 그러나 해석의 여지가 많은 문헌들도 적지 않다. 특히 표현의 자유가 억압받는 상황에서 쓰인 문헌이나, 저자의 의도와 무관하게 이후 다른 방식으로 해석되어 논란이 된 문헌들이 그러한 경우이다. 그 밖에도 원전 자체가 많은 해석의 여지를 가진 문헌들도 있다.

그람시(Antonio Gramsci)가 파시스트 정권에 체포되어 검열이 엄격한 감옥에서 저술한 『옥중수고』가 첫 번째 경우의 예이다. 당시 그람시는 검열을 피하기 위해 반자본주의적이고 반파시즘적인 의미를 가진 단어들과 문장들을 온건한 표현으로 치환하여 사용했다. 두 번째의 예가 독일의 저명한 법학자이자 정치학자인 슈미트(Carl Schmitt)의 저작들이다. 그의 저작들은 그의 의도와 상관없이 나치즘의 이론적 전거로 사용되었다. 마지막 예로는 흔히 접할 수 있는 성서나 헤겔(Friedrich W. Hegel)과 같은 대학자들의 주요 저작들을 들 수 있다. 그 해석을 둘러싸고 일어난 수많은 논쟁들에 대해 우리는 익히 알고 있다. 이러한 저작들을 읽을 때에는 다른 해석의 여지가 없는지, 자신의 관점에서는 어떻게 해석하는 것이 좋을지를 염두에 두면서 읽어야 한다.

번뜩이다　　심사숙고　　검열　　치환하다　　전거　　저작

분석적 · 비판적 독서의 최종 단계는 내용과 논증 및 주장에 대한 비판이다. 지식이나 내용을 흡수하는 데 그치지 않고, 문헌의 논의, 논쟁, 내용이 타당한가를 검토하면서 읽는 것이다. 또한 저자가 해결한 문제는 무엇이며 해결하지 않은 문제는 무엇인지 판별해야 한다. 미해결의 문제에 대해서는, 해결에 실패한 것을 저자가 인지하고 있는지 어떤지를 확인한다. 이러한 비판적 독서가 가능하려면, 저자의 의도와 주장을 정확히 파악해야 함은 물론이다. 그러기 위해서는 저자의 관심 주제에 대해 대화하듯이 저자와 함께 사고하면서 독서해야 한다.

『분석적 · 비판적 독서』
저자 – 정병기 (영남대학교 정치외교학과 교수)

• 독서의 마지막 단계에서 해야 할 일은?

1. 위 글을 요약하십시오.

2. 위 글에서 말한 독서의 각 단계마다 해야 할 일을 (보기) 에서 찾아 쓰십시오.

문헌 선정	도입	본격적 독서	마감
•	•	•	•

보기
- 내용, 논증, 주장에 대한 비판
- 연구 주제와 관련이 있는 자료 조사
- 논증 내용의 이해와 요약, 주장의 해석
- 주제와 문제 제기 및 주장하는 내용 파악

3. 다음 중 위 글에서 개론서에 대해 설명한 것으로 맞지 **않는** 것은 무엇입니까? (　　)

❶ 개론서를 선정할 때 전문가의 조언을 참조하는 게 좋다.
❷ 현재까지 진행된 연구 성과를 알아보기 위해서 최근 문헌을 읽는 것이 좋다.
❸ 개론서에 소개된 비판적 내용은 잘 정리해 두었다가 나중에 확인해 보도록 한다.
❹ 개론서를 먼저 읽으면 선입견을 가질 수 있으므로 원서를 먼저 읽는 것이 좋다.

4. 다음 중 자료의 내용과 주장을 심사숙고하면서 비판적으로 읽어야 하는 문헌의 예로 말하지 **않은** 것은 무엇입니까? (　　)

❶ 해결에 실패한 내용을 온건하게 고백한 문헌
❷ 원전 자체가 많은 해석의 여지를 가진 문헌
❸ 표현의 자유가 억압받는 상황에서 쓰인 문헌
❹ 저자의 의도와 무관하게 해석되어 논란이 된 문헌

5. 위 글의 내용과 같으면 ○, 다르면 ×표시 하십시오.

1) 초심자들은 전문적인 연구 논문들부터 분석적이고 비판적으로 읽어야 한다. (　　)
2) 주석서를 읽은 후에 원서를 읽으면서 그 내용이 맞는지 확인해야 한다. (　　)
3) 글을 읽다가 모순되는 내용이 있더라도 일단 끝까지 읽고 나서 정리를 해본다. (　　)
4) 중요하다고 생각되는 단락에는 자신의 생각과 해석을 간단히 적어두는 것이 좋다. (　　)

6. 저자는 누구를 대상으로 이 글을 썼습니까? 저자가 이 글을 쓴 의도를 말해 봅시다.

7. 저자는 "서론과 결론을 속독하여 요점을 파악"하거나 "중요한 단어에는 밑줄과 같은 표시를 하고, 중요한 단락에는 자신의 생각과 해석을 간단히 적어두는 것이 좋다"고 조언하고 있습니다. 이러한 방법이 사회과학이 아닌 다른 전공의 책을 읽는 데에도 도움이 된다고 생각합니까? 왜 그렇게 생각하는지 근거를 들어서 이야기해 봅시다. 이밖에도 여러분의 전공 분야를 공부하는 데 좋은 독서 방법이 있으면 함께 이야기해 봅시다.

04 독서와 사고

더 읽어 보기

책맹(冊盲)사회

정보시대니 인터넷시대니 하는 말들의 유포와 함께 근년 우리 사회는 두 가지 커다란 환상에 마취되고 있다. 인터넷에 들어가기만 하면 모든 필요한 정보에 빠르게, 그리고 공짜로 접근할 수 있다는 환상이 그 하나이고, 다른 하나는 "그러므로 이제 책은 필요없다"라는 환상이다. 인터넷만으로 정보의 유토피아가 실현될 수 있다면 아무도 그 유토피아를 거부할 이유가 없다. 종이책 만드느라 애꿎은 나무들 희생시키지 않아도 되고, 집에는 책이니 책장이니를 둘 필요가 없으니까 공간 넓어져서 좋다. 이사 갈 때도 얼마나 편하랴. 무거운 책짐 때문에 걱정하지 않아도 되고, 버리고 갈 책과 가지고 갈 책의 선별 문제로 고민하지 않아도 된다. 그 유토피아의 주민은 그저 책 몇 권만 기념으로 갖고 있으면 된다. 나중에 손자 녀석들 무릎팍에 앉히고 "얘들아, 우리 때에는 책이란 게 있었어"라며 옛날 얘기 들려주기 위해서는 약간의 '기념물'이 있는 게 좋을 테니까 말이다.

인터넷 만능주의의 환상에도 불구하고 불행히도 우리는 아직 인터넷 만능의 현실 속에 있지 못하다. 인터넷으로 습득 가능한 정보가 있고 접근할 수 없는 정보, 지식, 경험의 거대한 세계가 따로 있기 때문이다. 이 접근 불가의 영역이 '책의 세계'이다. 인터넷은 출판 정보를 빠르게 검색할 수 있게 하지만 극소수 경우를 제외하고는 공짜로 책을 주지 않고 줄 수도 없다. 그러니까 인터넷으로 모든 필요한 정보를 얻을 수 있다고 믿는 것은 현실을 모르거나 무시할 때에만 가능한 환상, 무지하고 무시무시한 환상이다. 이 환상이 무시무시해지는 것은 "까짓 거, 책 안 보면 될 거 아냐."라며 책을 완전히 무시하기로 작정하고, 그로부터 "이제 책은 필요 없다."로 비약할 때이다. 이 비약은 무시무시하고 환상적인, 요즘 유행어로 표현하자면 가위(可謂) '엽기적' 만용이다. "이 불출아, 너 아직도 책 보니?"에 이르면 이 엽기적 만용은 최고 수준에 도달한다.

지금 우리 사회는 이런 만용을 부려도 된다고 믿는 사회로 빠져들고 있는 것 같아 보인다. 이 만용의 사회에서는 아직도 책을 찾는 사람이 되레 바보, 불출, 엽기로 간주된다. 안 그래도 책읽기 문화와는 거리가 먼 사회가 인터넷과 정보 시대의 이름으로 더더욱 책을 멀리 하고 책을 읽지 않고 책읽기를 우습게 아는 '책맹(冊盲)사회'를 향해 질주하고 있다. 책맹은 문맹과는 다르다. 문자를 모르는 것이 문맹(illiteracy)이다. 그러나 문자도 알고, 높은 교육도 받았고, 그래서 책을 읽자면 읽을 수도 있지만 죽지 못해 읽어야 할 경우를 제외하고는 책 읽기 싫고 읽혀지지 않는 것이 '책맹'(aliteracy)'이다. 학교 다닐 때 교과서와 참고서 말고는 책 읽어본 일이 없고 그래서 평생 책과 담 쌓는 사람도 책맹이다. 책맹이기를 선택한 사람에게 책은 사돈댁 장례식 이상으로 지루하고 따분하고 멍청하다. 그가 보기론 '책읽기의 즐거움' 어쩌고저쩌고하는 자들이야말로 정말이지 이 시대의 즐거움이 뭔지 모르는 엽기적 얼간이족이다.

책맹 사회이고서도 잘 버틸 수 있는 시대가 온다면 그것도 나쁘지 않다. 그러나 그런 시대는 지금 생존 세대의 생애 중에는 오지 않는다. 그것은 22세기에도 실현될 가능성이 없다. 책의 세계는 한시적인 것이 아니기 때문이다.

『책맹사회』

저자 – 도정일 (미국학 박사, 경희대 영어학부 명예교수, 문학평론가)

1. '문맹사회'와 '책맹사회'의 문제점을 비교해 봅시다.

2. 정보화 시대에 바람직한 독서의 태도는 어떤 것인지 독서 동기와 책의 종류를 중심으로 이야기해 봅시다.

05 인터넷과 인간

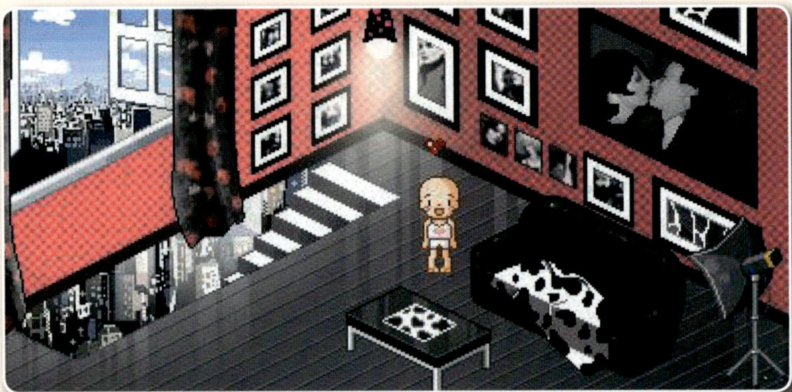

- 인터넷 공간에서의 나와 현실 세계에서의 나는 어떤 차이가 있다고 생각합니까?

- 여러분이 현재 가입해 있는 인터넷상의 모임은 몇 개나 됩니까?

교양서 읽기 1

아바타

"투명인간 친구란 말 알아? 만나는 것도 전화도 안 돼. 하지만 그래서 힘이 되는 친구." 영화 〈후아유〉의 여주인공 인주(이나영 분)의 대사다. 〈후아유〉는 현실의 형태(조승우 분)와 온라인상의 형태인 '멜로', 그리고 가상공간에 존재하는 형태의 아바타만을 사랑하는 청각장애인 인주(ID : 별이)의 관계를 그린 영화다. 인주는 늘 밝은 현실의 모습과는 달리 온라인 게임 속에서는 무시무시한 '칼잡이' 캐릭터를 갖고 있으며, 형태 역시 현실의 모습과는 달리 진지하고 사려 깊은 '멜로'로 살아간다. 인주는 이러한 멜로를 좋아하며 현실의 장애가 문제되지 않는 가상공간의 사랑에만 머무르려고 하고 현실의 인주를 사랑하는 형태는 가상공간에서의 자신과 연적 관계에 놓이게 된다.

• 영화 속에 나오는 두 주인공의 영화 속 실제 이름과 온라인상에서의 이름은?

물론, 어디까지나 영화 속 설정이지만 인터넷을 경험하는 이용자라면 누구나 수긍이 가는 내용이다. 도대체 인터넷이라는 공간이 무엇이기에 이러한 설정이 가능한 것일까? 실재하는 공간이 아니면서도 현실과 다름없이 수많은 사람들이 생활을 하는 이곳은 도대체 어디인가?

• 아바타의 의미는?

요즘 인터넷 이용자들에게 가장 각광받는 서비스 중 하나는 바로 아바타이다. 아바타(avatar)는 '내려오다'는 뜻의 아바(ava)와 '땅'을 의미하는 테르(ter)를 합성한 단어로서 세상에 내려온 화신을 뜻하는 산스크리트어이다. 아바타는 이용자의 현실 세계와 가상공간을 이어주

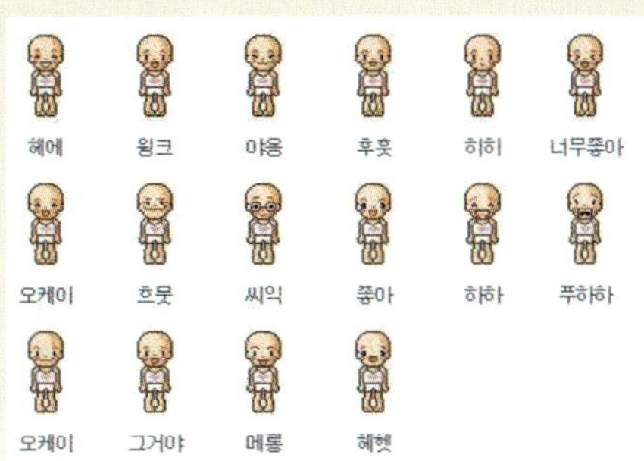

수긍 각광 화신 가상공간

는 존재로서 위에서 언급한 영화 주인공 인주가 사랑하는 대상은 현실의 형태가 아니라 온라인상에서 형태의 분신으로 존재하는 '멜로'이다. 대부분의 온라인사이트에서 유료로 사용하게끔 만들어진 아바타에 사람들은 현금을 쓰며 마치 어릴 적 종이인형의 옷을 갈아입히듯 치장을 하고 이를 소중하게 생각한다. 이러한 아바타 열풍은 인터넷이라는 가상공간에서 이용자들이 어떤 방식으로 살아나가는지를 보여주는 단적인 예라 할 수 있다.

• 익명성의 매력은?

인터넷이라는 매체가 등장하면서 사람들에게 가장 큰 매력으로 다가온 것 중 하나가 바로 익명성이었다. 현실의 나를 전혀 드러내지 않은 채, 자유롭게 활동할 수 있는 인터넷이라는 공간은 그야말로 이용자들에게 신천지나 다름없었다. 사람들은 익명성이라는 방패에 몸을 가리고 현실과는 전혀 다른 사람으로 행동했다. 익명성 때문에 드러난 본능을 통해 얼굴을 마주하고는 차마 입에 올릴 수 없는 말과 행동을 아무 스스럼없이 할 수 있었고, 평소 자신의 모습과는 다르게 행동하는 또 다른 자신을 보며 만족감을 느끼기도 했다.

• 아바타의 장점은?

이렇듯, 익명성이 가장 큰 특징으로 꼽히던 매체에 사람들이 자신을 표현하는 양식이 등장하기 시작했는데 그 중 하나가 아바타이다. 엄밀하게 얘기하자면, 아바타는 익명도 아닌, 그렇다고 실명도 아닌 중간쯤에 존재한다고 할 수 있다. 실명을 사용하는 현실에서의 자신의 모습과 정확히 일치하는 것은 아니지만, 아바타는 온라인상에서 나름대로 자신을 표현하고자 하는 욕구를 충족시켜 주면서도 완전히 자신을 드러내지 않아도 되는 훌륭한 도구인 셈이다. 아바타가 선을 보인 초기에는 공주나 괴물 등 현실의 모습과 완전히 동떨어진 상품이 유행이었으나 시간이 지날수록 현실의 자기 스타일과 비슷하게 아바타를 꾸미는 경향이 나타났다. 이용자들은 이러한 아바타를 통해 현실의 자신을 어느 정도 표현하면서 나름대로 현실에서 이룰 수 없는 욕구들을 대리 충족하는 수단으로 온라인상의 아바타를 이용하는 것이다.

박성희는 "사이버 공간의 대리 자아 아바타의 역할 유형 분석"이라는 논문에서 이러한 대리 충족의 유형을 세 가지로 나누었다. 첫 번째 유형은

분신　　치장　　익명성　　신천지　　스스럼없다　　실명

신체적 역할 수행(somatic-level role playing) 유형으로, 이 유형의 사람들은 아바타를 통해 일상에서 문화적으로 습득이 가능하고 신체를 통해 구현되는 형태의 행위를 추구했다. 여행, 결혼, 다이어트 등 현실화할 개연성을 내포한 희망을 표현하는 것이 특징이다. 두 번째 유형은 사회적 역할수행(social role playing) 유형으로, 그룹 내에서의 역할, 또래집단의 강조, 가족 구성원으로서의 역할 등 사회적 맥락을 우선 구축하는 특징을 보였다. 세 번째 유형은 심리적 역할수행(intra-psychic role playing)으로, 선호하는 가치관의 표출이나 가상세계에서 추구하는 신념의 체계를 반영했다. 이 같은 결과는 '구성된 정체성'으로서 아바타가 네티즌의 능동적 자아를 부각하고 가상공간과 실제 현실을 잇는 매개체로 기능하고 있으며, 아바타를 통한 사이버 현존(net presence)의 역할 범위가 더욱 확대되었음을 시사한다.

- 이 단락에서 말한 아바타의 대리 충족 유형 세 가지는?

이러한 아바타 서비스가 한 단계 더 발전하여 요즘 유행하는 것이 바로 '아바타 방'이다. 아바타 방이란 자신의 분신인 아바타가 사는 가상공간으로서 이용자들은 자신의 아바타에 더욱 더 만족하기 위해많은 돈을 들여 아바타뿐만 아니라 아바타가 사는 방을 꾸민다. 이러한 아바타 방은 기존의 홈페이지와는 다른 성격을 지니는데, 홈페이지가 자료를 공유하며 다른 사람들에게 자신을 표현하는 수단이라 한다면 아바타 방은 소수의 사람들에게만 공개하며 나만이 독점적으로 지배할 수 있는 공간이라는 점에서 배타적 성격을 띤다. 또한, 현실에서 부모로부터 독립하기를 원하거나 사랑하는 이성과 새로운 공간을 꾸미고 싶은 욕구를 충족시키기 위해서 이러한 공간을 사용하기도 한다.

- 아바타 방이 기존의 홈페이지와 다른 점은?

『아바타』

저자 – 오택섭 (언론학 박사, 고려대학교 명예교수)
강현두 (서울대학교 언론정보학과 명예교수)
최정호 (울산대학교 석좌 교수)

개연성　　내포하다　　또래집단　　매개체

05 인터넷과 인간

1. 위 글을 요약하십시오.

2. 다음 중 아바타에 대한 저자의 생각이 가장 잘 나타난 단락을 고르십시오. (　　)

❶ 단락 3　　❷ 단락 4　　❸ 단락 5　　❹ 단락 6

3. '아바타'에 대한 설명 중 **잘못된** 것을 고르십시오. (　　)

❶ 현실 세계와 가상공간을 이어주는 존재이다.
❷ 어린 시절 인형 놀이의 추억을 떠오르게 한다.
❸ 요즘에는 현실의 자신과 비슷한 아바타를 만드는 경향이 있다.
❹ 아바타로 자신을 표현할 때는 실명을 쓰지 않는 것이 예의이다.

4. 다음 중 박성희가 말한 아바타를 통한 대리 충족의 유형에 대한 설명이 **아닌** 것은 무엇입니까? (　　)

❶ 아바타를 통해 네티즌의 능동적 자아를 부각한다.
❷ 아바타를 통해 자신의 가치관이나 신념을 표출한다.
❸ 아바타를 통해 사회 속에서 수행하는 역할을 표현한다.
❹ 아바타를 통해 일상에서 현실화될 가능성이 있는 행위를 표현한다.

5. 위 글의 내용과 같으면 ○, 다르면 ×표시 하십시오.

1) 사람들은 인터넷상의 익명성을 이용해 평소 자신의 모습과는 다른 자신으로 행동한다. ( )
2) 사람들은 아바타를 통해 현실을 그대로 재현하는 데에 재미를 느낀다. ( )
3) 아바타 방은 홈페이지의 단점을 보완하여 만들어진 것이다. ( )

6. 저자가 위 글의 첫 부분에 영화 〈후아유〉의 내용을 인용한 이유는 무엇이라고 생각합니까?

7. 저자는 초기 아바타의 모습은 현실의 모습과 동떨어졌으나 요즘은 점점 현실의 자기 스타일과 비슷하게 아바타를 꾸미는 경향이 있다고 했습니다. 최근의 아바타의 변모 경향에 대해 이야기해 봅시다.

05 인터넷과 인간

교양서 읽기 2

• 왜 온라인상에서 새로운 사람을 만나고 집단을 형성하는 것이 어렵다고 생각했나?

• 이 단락에서 말한 온라인상에서 만나는 모임의 유형은?

• 이 단락에서 말한 온라인상에서 만나는 모임의 유형은?

온라인상에서의 대인관계

많은 사람들은 컴퓨터로 이루어진 환경에서 새로운 사람을 만나고 집단을 형성할 수 있을까 미심쩍어 했다. 온라인상의 수많은 상호작용에는 일반적으로 사용하는 사회적 단서가 없을 뿐 아니라 만남 또한 일시적인 것이기에 정말 진지하고 만족스러운 대인 관계가 이루어지지기 힘들 것이라고 믿었기 때문이다. 그러나 이러한 예측을 뒤집는 증거들이 사이버 공간에서 속속 드러나고 있다.

온라인상에서 새로운 사람을 만나고 그들과 함께 무언가 활동을 하는 과정은 다음과 같은 경우로 나뉜다.

첫째, 이미 오프라인상에서 알고 있는 사람들로 집단을 구성하며 인터넷은 단순히 면대면 모임 사이에 간간이 연락을 취하거나 생각을 공유하는 방법으로 활용된다. 친한 친구들의 모임이나 동창회 모임 등이 여기에 속한다. 또한 오프라인상의 집단이 무언가를 공유하는 방법으로 인터넷을 사용하는 경우도 이에 포함된다.

둘째, 개인적으로는 잘 모르지만 공통적인 관심사를 가진 사람들이 네트워크상에서 집단을 형성하며, 시간과 상황이 허락한다면 이런 사람들 중 일부는 실제 생활 속에서 모임을 가지기도 한다. '정모'나 '번개'와 같은 단어가 이러한 모임을 지칭하는 말이며, 온라인에서 이루어진 모임이 오프라인까지 확장되는 경우를 일컫는다. 대부분의 온라인 집단들이 이러한 종류의 모임을 가진다고 할 수 있다.

마지막으로, 구성원들이 공통의 관심사를 가지고 있지만, 현실공간에서는 거의 만나지 않는 것이다. 만약 이러한 경우 어떤 집단성이 발생한다면 이것은 정말 온라인 의사소통의 역동성이 일어나는 경우라 할 수 있다. 이러한 가상공간의 집단 성격을 설명하기 위해 흔히 '동조'라는 개념이 쓰인다. 동조는 한 집단 성원 간의 응집력을 강화시키고 그 집단이 이루고자

미심쩍다　　면대면　　정모　　번개　　역동성　　응집력

하는 과업을 보다 잘 수행할 수 있게끔 만들어주는 중요한 집단 성격이라 할 수 있다. 일반적으로 면대면 커뮤니케이션을 통해 집단 구성원들과 원활한 상호작용을 할 수 있는 오프라인과는 달리 온라인에서는 물리적 실체가 없기 때문에 집단에 동조하려는 성향이 약하며, 이는 익명성을 통해 더욱더 가중된다. 이를 막기 위해 인터넷 참여자들은 동조성을 강화시키거나 심지어 이것을 요구하는 몇 가지의 강력한 방법을 활용해 자신의 집단을 혼란으로부터 막으려고 한다. 집단이 지켜야 할 사항을 눈에 잘 띄는 곳에 게시한다든지, 집단의 규범을 어긴 구성원이 발생할 경우에는 어떤 행동은 허용되지 않는다는 것을 알려주기 위해 '강퇴'(운영자가 해당 이용자를 탈퇴시키는 방법)나 IP 주소 게시 등의 방법을 사용하여 동조가 이루어지도록 압력을 행사할 수 있다.

- 왜 온라인 집단에서는 동조하려는 성향이 약한가?

또한, 인터넷 집단의 경우 자신들이 이루어야 하는 상위 목표가 생기면 놀라울 정도로 많은 수의 사람들이 쉽게 뭉치며, 그 메시지의 전달이 미치는 영향력 또한 가공할 만하다. 이러한 전파만으로도 집단의 하부로부터 움직임을 촉진시키거나 활성화시킬 수 있게 된다. 일례로 16대 대선과정에서 '노사모'(노무현을 사랑하는 사람들의 모임)이라는 온라인 집단이 큰 화제를 불러일으켰다. 최초의 온라인 정치인 팬클럽 노사모는 온라인상에서 결집된 그들의 능력을 오프라인까지 확장하면서 당시 노무현 후보를 대통령으로 당선시키는 데 일조했다. 이러한 노사모의 예는 온란인상에 존재하는 집단이 오프라인상에 존재하는 여타 집단에 비해 조금도 손색이 없는 집단성과 응집력을 지닐 수 있음을 보여주는 단적인 예라 할 수 있다.

- 인터넷 집단이 대단한 집단성과 응집력을 지니게 되는 것은 언제인가?

그러나 온라인상에서 이루어지는 집단활동이 반드시 긍정적인 면만 지니고 있는 것은 아니다. 청소년들이 가상공간에서 만난 친구들과 '패밀리'를 형성해 실제 가족과 마찬가지로 엄마, 아빠 등의 역할 분담을 하고 가

혼란 강퇴 가공하다 촉진 활성화 당선 손색

05 인터넷과 인간

- 온라인상의 집단활동에서 나타나는 부정적인 예 두가지는?
- 왜 가상공간의 집단이 현실공간의 집단보다 더 극단화된다고 했나?
- 집단 패거리 삼기 현상이란?

상 가족과 실제로 생활하기 위해 가출을 하는 경우까지 발생하고 있다는 뉴스가 보도되어 사람들에게 큰 충격을 준 적이 있다. 또한, PC게임 '스타크래프트'가 인기를 얻으면서 시작된 '길드(guild)신드롬' 역시 이러한 가상공동체의 그릇된 모습이라 할 수 있다. 게이머들끼리 결성하기 시작한 동아리의 호칭인 '길드'는 구성원들끼리 정보를 교환하거나 우의를 다지는 등의 긍정적인 측면이 있지만, 현실세계의 조직폭력배와 거의 흡사한 수준의 행동강령을 가지는 등 이용자들이 게임 중독증에서 벗어나기 힘들게 만드는 주원인이기도 하다.

학자들은 이러한 가상공간에서 만들어지는 집단의 경우 현실공간의 집단보다 훨씬 더 극단화되는 성격을 띤다고 지적한다. 인터넷에서 중간적인 발언은 별로 없고 극단적인 것만을 보게 되는 것이 부분적으로 집단극단화 현상 때문이라는 것이다. 한 개인이 처음에는 어떤 문제에 대해 비교적 중간적인 관점을 지니고 있었다 하더라도, 그것에 대해 다른 사람들과 이야기하는 과정을 통해 중간 지점에서 극단으로 옮겨가게 된다는 것이다.

위에서 집단을 응집하는 원동력으로 언급했던 '동조' 역시 또 다른 집단극단화를 불러오는 원인이라 할 수 있다. 만약 나의 의견에 대해 집단 내의 사람들이 대체로 동의한다면, 자신이 처음에 가졌던 관점을 유지하기 위해 단순히 동조하는 것이 아니라 그 집단에서 더 도발적인 입장을 내세울 수 있다. 이때 다른 사람들도 동일한 행동을 하게 되면 집단은 위험스럽게도 극단점으로 더 가까이 가게 된다. 또한 자신의 관점에 동의하는 사람들을 발견할 수 있을 뿐 아니라 심지어 더 극단적인 태도를 가진 사람들도 보게 됨으로써 자신의 관점이 옳다는 것을 쉽게 과장하여 지각하고, 같은 생각을 가진 사람들의 도움으로 점점 더 극단화되는 것이다. 이러한 경우 다른 집단이나 사람들에 대해 단지 우리와는 다르다는 이유로 쉽게 부정적인 태도나 편견들을 가지게 되며, 이러한 현상을 다른 말로 '집단 패거리 삼기'라고도 한다.

『온라인상에서의 대인관계』
저자 – 오택섭, 강현두, 최정호

행동강령 원동력 도발적이다

1. 위 글을 요약하십시오.

2. 위 글을 크게 두 부분으로 나눈다면 어디에서 나누어지는 지 그 첫 단어를 쓰고 각각 무엇에 대해 이야기 하고 있는지 쓰십시오.

Ⅰ. 많은 사람들은...	Ⅲ. ( )
( )	( )

3. 위 글에서 말하는 '동조'에 대한 설명 중 **잘못된** 것은 무엇입니까? ( )

❶ 집단 성원간의 동조는 집단 패거리 삼기에 영향을 주기도 한다.
❷ 한 집단 성원 간의 응집력을 강화시키기 위해 사용되는 개념이다.
❸ 어떤 개인의 의견이 그가 속한 단체의 구성원들의 의견을 바꿀 때 사용할 수 있다.
❹ 운영자가 집단의 규범을 어긴 회원을 집단에서 강제로 탈퇴시키는 것도 동조를 이루게하는 하나의 방법이다.

4. 다음 중 집단극단화가 일어나는 과정 중 나타나는 현상이 **아닌** 것은 무엇입니까? ( )

❶ 내 의견에 다른 회원들이 동의하니까 더 강한 입장을 내세우게 된다.
❷ 나의 의견을 최대한 다른 회원들의 극단적인 입장에 맞추도록 노력하게 된다.
❸ 다른 집단이 우리의 의견과 다르다는 이유만으로도 부정적인 태도를 보이게 된다.
❹ 내 의견에 동조하는 다른 회원들이 극단적인 입장을 보이면 그 의견을 반대하게 된다.

5. 위 글의 내용과 같으면 ○, 다르면 ×표시 하십시오.

1) 온라인상의 만남을 통해서도 진지하고 만족스러운 대인관계가 이루어질 수 있다. ( )
2) '정모'나 '번개'는 온라인상에서 만나는 모임의 대표적인 예이다. ( )
3) 집단이 이루어야 할 목표가 뚜렷할 경우에는 온라인상의 집단이 오프라인상의 집단보다 더 강한 영향력을 미칠 때가 있다. ( )

6. 저자가 이 글에서 온라인 집단 '노사모'를 언급한 이유는 무엇이라고 생각합니까?

7. 이 글에서 저자는 온라인상의 대인관계가 오프라인상의 대인관계 못지않은 영향력을 발휘한다고 말하고 있습니다. 여러분은 이 의견에 동의하십니까? 앞으로의 대인관계는 어떻게 이루어질지 이야기해 봅시다.

더 읽어 보기

익명성과 책임

블로그를 중심으로 한 일촌 맺기는 사이버스페이스 안에서 일종의 정주적인 삶이다. 이 관계에서는 내가 누구인지 안다. 내가 누구인지 알기 때문에 기꺼이 일촌 맺기를 허락한다. 그렇기 때문에 블로그를 중심으로 한 소통하기는 현실의 관계가 굉장히 확대된 것이며, 또 관심에 따라 맺어지는 관계라는 것을 보여 준다. 그러나 사이버스페이스에는 이러한 소통 방식만 존재하는 것은 아니다. 일촌 맺기를 하지 않은 채, 이 블로그에서 저 블로그로 유목하는 디지털 노마드들이 있기 때문이다. 이들은 철저히 익명성으로 자신을 은닉한다. 내가 누구인지 아무도 모르게 활동하며 관계를 맺는다.

실제 있었던 재미있는 예를 하나 들어 보겠다. A라는 사람이 있다. 이 사람은 인터넷을 통해 바둑 두기를 즐기는 사람이었다. 자신이 즐겨 들어가던 바둑 사이트에서 실력이 엇비슷한 사람을 만나게 되어서 이 사람과 몇 번 바둑을 두었다. 이 사람을 B라고 하자. 그런데 이 B라는 사람이 바둑 두는 매너가 영 아니었다. 자신이 질 것 같다는 생각이 들면 게임을 포기하고 갑자기 사라지곤 했기 때문이다. 아마도 자신의 급수를 관리하려는 속셈인 듯했다. 화가 난 A는 바둑을 두려고 이 사이트에 들어왔을 때 B도 들어와 있는 것을 확인하면 그가 바둑을 두는 모습을 관전한다. 모니터 한 구석에 마련된 조그만 창에서 A는 끊임없이 B를 질타했고 약을 올렸다. "왜 또 도망가지....", "B는 질 것 같으면 도망간데요" 등의 말로 말이다. 어느날 A는 오랜만에 고등학교 동창과 통화를 했다. 이런저런 사는 이야기를 하다가, 그래 오랜만에 바둑이나 두자고 의견이 모아져 어떤 바둑 사이트에서 만나기로 하고 서로의 아이디를 확인했다. 그런데 바로 그 B가 자신의 고등학교 동창이었던 것이다. A와 B는 현실에서의 자신의 이름을 드러내지 않은 채 아이디, 즉 디지털 자아로 계속 만나면서 싸움을 해 왔던 것이다.

여기서 생각해 봐야 할 문제는 '디지털 자아'와 그것의 존재 방식인 '익명성'이다. 사실 익명성에 대한 논의는 디지털 매체 시대에 갑자기 생겨난 문제는 아니다. 이미 대도시가 성립되고 발전하는 시기에 대중에 대한 평가와 익명성에 대한 논의는 있어 왔다. 새롭게 등장한 대중의 존재를 폄하하는 관점에서는 대중들이 대도시에서 가질 수 있는 바로 이 익명성 때문에 무례하며, 책임과는 무관한 인간 유형으로 평가됐던 것이다. 반면 대중의 존재를 긍정적인 새로운 현상으로 여겼던 사람들은 바로 이 익명성에서 대중의 비판적이며 창조적인 힘의 가능성을 보았던 것이다. 대중 매체에 대한 논의도 이러한 이중적 평가와 바로 연결된다.

어쨌든 대중 매체의 시대를 지나 디지털 매체 시대에도 이러한 논의는 여전히 계속 진행되고 있다. 인터넷 실명제에 관한 뜨거운 논의들이 여기에 해당된다. 다중적인 디지털 자아의 존재 근거는 바로 익명성이다. 익명성이 보장되지 않는다면 사실 다중적인 디지털 자아의 존재는 애초에 가능하지 않다. 다중적인 디지털 자아의 존재는 디지털 노마드를 축으로 한 소통과 관계 맺기의 핵심 요소이다. 그런데 이 익명성이 현재 '뜨거운 감자'로 등장한 것이다.

사실 익명성에 대한 논의는 디지털 노마드들의 책임 의식과 밀접하게 연결되어 있다. 우리는 구체적인 예를 들지 않아도 익명성 아래 감추어진 '악플'이라는 폭력이 얼마나 무섭게 작용하는지 경험했다. 공적 영역에 사적인 면모를 고스란히 드러내야만 했던 많은 연예인들이 이 악플 때문에 괴로워했으며, 극단적인 선택을 하기도 했다. 익명성을 띤 각자의 개인들이 개인적인 글을 아무 생각 없이 서술하곤 했다. 아니, 감히 서술이라는 표현을 할 수 없을 정도의 글들을 여과 없이 인터넷이라는 공간에 올리곤 한다. 각각의 댓글들이 모이면 엄청난 사회적 그리고 정치적 파장을 가져온다. 이 글들이 모이면 더 이상 개별적인 의견에 그치는 것이 아니라, 하나의 힘 또는 권력으로 작용하기 때문이다. 개인들은 바로 이 점을 인지하지 못했던 것이다. 또 그렇기 때문에 자신의 표현에는 엄청난 책임이 뒤따른다는 사실 또한 알지 못했던 것이다. 책임과 의무 그리고 권리와 의무는 함께 가야 하는 것들이다.

소통의 자유와 관계 맺기의 자유만큼 중요한 것은 소통과 관계 맺기에 대한 책임이다. 앞서 든 예를 다시 생각해 보자. 만약 익명성이 통용되지 않는 현실 사회에서 얼굴을 마주 대하고 바둑을 두었다면 이러한 일이 생기지 않았을 것이다. 이 사건은 바로 사이버스페이스였기에 가능한 일이었던 것이다. 일촌만을 배려하는 소통의 관계는 혈연과 학연, 지연으로 묶인 현실 세계보다 더 못한 소통의 장을 만들 것이다. 우리는 특별한 관계 망에 들어온 이들뿐만 아니라, 내가 사이버스페이스에서 만난 다수의 디지털 노마드와의 합리적 관계를 만들기 위해 노력해야 한다.

『익명성과 책임』
저자 – 심혜련 (전북대학교 과학학과 교수)

1. 사이버 공간에서의 익명성이 주는 장점과 단점에 대해 이야기해 봅시다.

2. 사이버 공간에서 지켜야 할 예절에 대해 이야기해 봅시다.

06 언어와 사회

http://blog.naver.com/watrey2?Redirect=Log&logNo=60013590951

- 한국어로 인터넷 채팅을 할 때 의미를 알 수 없는 단어에는 어떤 것이 있습니까?

- 여러분 나라의 인터넷에는 어떤 언어 규범 일탈 현상이 있습니까?

교양서 읽기 1

인터넷과 우리말 (1)

인터넷을 통한 의사소통에서 사용하는 언어는 다양하다. 많은 공식적인 문서가 유통되고 있는데 이 경우는 거의 예외 없이 공적인 글말을 예전처럼 사용한다. 문제는 사적 영역의 언어인 입말이 주로 등장하기 쉬운 인터넷 메일, 채팅, 휴대 전화의 문자 전송, 메신저와 같은 쪽지글에서 사용하는 언어의 표기가 일반적으로 받아들이는 언어 규범을 제대로 따르지 않는다는 것이 문제 제기의 주된 요점이다. 곧 이러한 규범 일탈 현상이 우리의 언어를 파괴하고 의사소통의 장애를 불러오고, 더 나아가 우리 문화 발전에 심대한 악영향을 끼치지 않겠느냐는 물음이다. 또한 컴퓨터를 주로 이용하는 사람들과 그렇지 않은 사람들 사이에 사실상 서로 다른 언어를 쓰다시피 하는 일이 생기는 것이 아니냐는 걱정이기도 하다.

• 인터넷 언어의 문제는?

규범이라는 것은 오로지 언어에만 있는 것이 아니다. 우리의 모든 문화 현상에 규범은 깃들어 있다. 우리의 전통 풍속과 인습, 법률 제도, 각종 관례, 각종 집단의 결정 및 결의 사항, 개인들 사이의 약속 등은 우리가 지켜야 할 규범을 이루고 있는 다양한 속성이다. 그 가운데 해당 규범을 어기면 처벌을 받는 경우도 있고, 처벌은 아니라 하더라도 뭇 사람들에게 따돌림을 받거나 야유를 당할 수 있는 경우도 있다. 이러한 것을 규범을 지키기 위한 '사회적 제재 조치'라고 한다. 모든 규범은 일정한 제재 조치를 달고 다니고 있다고 보아야 한다.

• 규범을 어긴 사람에 대한 사회적 제재 조치의 예는?

언어에도 규범이 있기 때문에 여기에도 당연히 주어진 제재 조치가 있다. 이 제재 조치는 법적인 처벌은 아니고, 교양과 품위가 없는 사람으로 대접을 받는다거나, 교육과정에서 남보다 낮은 평가를 받는다든지 하는 비물리적인 제재가 그 주종을 이룬다. 종종 표준어를 틀리게 쓰면 무식한

• 언어 규범에 대한 제재 조치의 예는?

표기　　규범　　일탈　　제재

사람 혹은 지방에서 갓 올라온 사람으로 대접받기도 하고, 또 거꾸로 지방에서는 동향 사람이 서울말을 쓰면 이미 동계 집단에서 벗어났다고 경멸을 받게 되는 경우도 있다. 이 모든 것이 언어 규범을 꾸준히 지키기 위한 일종의 제재 조치의 유형이다.

• 언어에 대한 법적 제재의 명목은?

과거에는 경우에 따라 물리적인 제재가 따른 경우도 있었다. 전근대 사회에서는 말을 잘못하면 '혹세무민'이라고 해서 법정 최고형을 감수해야 하는 일도 있었고, 얼마 전에도 우리 사회에서 이른바 '유언비어'라는 이름으로 법적인 제재를 당하는 일도 있었다. 아직도 무슨 말을 잘못하면 법적 제재는 아니더라도 '설화(舌禍)'를 입는다든지, 일반적 정서에서 어긋날 경우에는 '망언'이라는 딱지를 붙이며 발설자를 몰아치는 경우를 심심치 않게 볼 수 있다.

그러나 언어의 형식적인 규범은 비교적 법적인 제재에서 자유롭다고 할 수 있다. 누가 맞춤법 틀렸다고 경범죄처벌법 따위의 적용을 받지는 않는다. 어디까지나 비물리적인 제재에 그칠 뿐이다.

• 여성 정장에 대한 인식이 달라진 이유는?

그런데 어려운 문제는 모든 규범은 변할 수 있다는 역사적인 법칙이다. 어느 시대, 어느 사회의 규범도 영구히 지속된 것은 아마 없을 것이다. 지난 1960년대까지만 해도 여성은 치마를 입는 것이 정장이었지만 이제는 바지를 입어도 크게 문제될 일이 없다. 또 옛날에는 여성의 바지에는 옆구리에 지퍼가 달려 있는 것이 정상이라고 생각했지만 요즘은 그런 옷은 박물관에서도 찾아보기 어려울 것이다. 그만큼 사물을 보는 기준 자체가 상당한 변화를 가져온 것이다.

• 언어 규범의 변화로 예시된 것은?

언어 문제만 보아도 과거에는 사람 이름은 당연히 한자로 지어야 했다. 스스로 열렬한 한글 전용론자라 하더라도 이러한 규범에서는 벗어날 길이 없었다. 일부 연예인들이 예명으로나 한자어 아닌 이름을 법적 근거와 관계없이 썼을 뿐이었다. 그러나 요즘은 법적으로도 아무런 문제가 없게 되었다.

• 언어 규범에 대한 의식이 변화하게 되는 근본적인 이유는?

이와 같이 물질적 조건의 변화는 사회적, 문화적 변화를 불러오고, 사회적, 문화적 변화는 또 다시 언어에 대한 규범의식에도 상당한 변화를 불러온다는 것을 관찰할 수 있게 된다. 바로 여기에 오늘날 인터넷 활동을 통

동계　경멸　혹세무민　설화　경범죄처벌법　전용론자　예명

한 언어 형식의 다양한 표출이 단순히 젊은이들의 일탈 현상이 아니라 대단히 폭넓은 역사적 흐름의 변화가 아닐까 하고 생각해 보아야 할 근거가 생기는 것이다.

인터넷 통신이 일단 자판을 통해 표현되기 때문에 순수한 의미의 오타도 물론 가능하다. 그리고 거의 실시간으로 대화가 수행되기 때문에 한 번 저지른 오타에 지금까지의 원고 작성 때처럼 퇴고의 시간이 허용되지 않는다는 제한도 따른다. 그러나 이것은 우리가 일상 대화를 할 때에도 순간순간 발음이 틀리거나 약간 어긋나도 대화 진행에 별다른 장애가 생기지 않듯이 인터넷의 쌍방향 통신에도 별다른 장애를 일으키지는 않으므로 특별히 거론할 문제는 아니다. 다만 인터넷 언어에 규범 일탈 현상이 너무 많아 보이는 인상을 주는 데에 일조하고 있기는 하다.

- 인터넷 언어에서 규범을 일탈하는 경우를 쉽게 볼 수 있는 이유는?

따라서 인터넷에서 일어나는 규범 일탈 현상의 의미는 구체적으로 무엇인가 하는 문제는 하나하나 신중히 짚고 넘어갈 필요가 있다고 본다.

첫째, 입말의 특징이 그대로 반영되는 경우가 대단히 많다는 것이다. 앞서 말한 오타 문제하고도 연결되는 현상이지만 우리가 발음을 통하여 구현하는 언어의 모습이 글자로 직접 투영되는 일이 벌어지는 것이다. 그 예로 '설(서울)', '셤(시험)', '열분들(여러분들)', '핸펀(핸드폰)' 등을 들 수 있다.

- 인터넷 언어의 첫 번째 특징은?

둘째, 역시 입말의 문제이긴 하지만 인터넷이 사사로운 대화(입말)로 이용되는 과정에서 극히 통속적인 어휘가 다량으로 쓰이고 있는 점도 특징이라 할 수 있다. 대개 '고딩', '직딩'이라든지 하는 학생들 사이의 통속어 혹은 실업자를 뜻하는 '백수'니 '백조'니 하는 단어들인데 인터넷 사용자 집단의 특성을 일정 정도 보여 주는 증거라고 생각한다.

- 인터넷 언어의 두 번째 특징은?

이러한 예들은 인터넷 언어가 과거처럼 품위를 지키고 점잖은 의미를 지니는 공식적 언어의 모습만을 사용하지 않고 좀 세속적이고 일상적인 비형식적인 언어가 퍽 자유분방하게 사용된다는 것을 확인할 수 있다. 그런 점에서 본다면 인터넷 언어가 단순히 언어의 품위를 훼손만 하고 있다기보다는 고상한 부분과 통속적 부분이 함께 드러나는 성격을 가지고 있다고 보는 것이 정확하다.

- 인터넷에서 일어나는 규범 일탈 현상의 긍정적 의미는?

표출 자판 오타 퇴고 일조 통속적

06 언어와 사회

• 인터넷 언어의 독특한 조어에 대한 저자의 견해는?

세 번째로는 인터넷 사용 과정에서 나타난 자연스러운 변화도 주목할 필요가 있다. '즐감하세요, 즐독, 눈팅, KIN, 벙개, 정모' 등의 사례에서 일상 공간의 언어로 표현하기 어려운 면이 독특한 조어 현상으로 구현되었다는 것을 볼 수 있을 것이다. 이런 표현은 사실 종이 매체에서 그대로 사용하기에는 무척 부담스러운 것들이다. 그렇다고 해서 이런 것들을 단순하게 '비규범적'이라고 매도하는 것은 타당하지 않다.

1. 위 글을 요약하십시오.

2. 위 글은 문제 제기에 이은 본문 부분을 구성 상 크게 세 부분으로 나눌 수 있습니다. 다음 (보기)에서 세 부분의 핵심어를 골라서 쓰고, 각 부분이 시작하는 단락의 첫 단어를 쓰십시오.

보기: 규범　　언어 규범　　인터넷 언어

내용 \ 구성	문제 제기	본문		
		1	2	3
핵심어	의사소통의 장애			
단락 첫 단어	인터넷을			

3. 위 글에서 말을 잘못했을 때 듣게 되는 비난으로 말하지 **않은** 것은 무엇입니까? (　　)

❶ 혹세무민　　❷ 유언비어　　❸ 일탈　　❹ 망언

4. 위 글에서 말하는 규범의 특징을 **잘못** 설명한 것을 고르십시오. (　　)

❶ 모든 규범은 변할 수 있다.
❷ 모든 문화 현상에는 규범이 있다.
❸ 모든 규범에는 일정한 제재 조치가 뒤따른다.
❹ 모든 규범 일탈 현상은 문화 발전에 악영향을 끼친다.

5. 위 글의 내용과 같으면 ○, 다르면 ×표시 하십시오.

1) 인터넷상의 공식적인 문서에는 공적인 입말을 사용한다. (　　)
2) 인터넷 언어에는 입말의 특징이 두드러지고 신조어들이 많다. (　　)
3) 전근대사회에서 언어의 형식적인 규범을 지키지 않으면 물리적인 처벌을 받았다. (　　)

6. 위 글에서 저자가 말하려고 하는 것은 무엇입니까? (　　)

❶ 인터넷 사용 유무에 따라 계층별 언어 이질화가 심각해질 것이다.
❷ 인터넷 언어의 변화는 현대의 사회적 · 문화적 변화상이 반영된 결과이다.
❸ 인터넷 언어의 규범 일탈 현상이 세대 간 의사소통의 장애를 초래할 것이다.
❹ 인터넷 안에서 사적인 입말이 일반화되면서 공적인 규범 언어가 약화될 것이다.

7. 저자는 인터넷 언어의 규범 일탈 현상에 대해 사회언어학자적 입장에서 설명하고 있습니다. 여러분의 전공 분야에서는 인터넷 언어의 규범 일탈 현상에 대해 어떤 해석을 내릴 수 있습니까?

교양서 읽기 2

인터넷과 우리말 (2)

• 간이형 맞춤법이 등장한 이유는?

인터넷 언어가 가지고 있는 특성과 기능은 이에 그치지 않는다. 또 하나 일반적으로 일어나는 현상 하나가 간이형 맞춤법이다. 순간순간 실시간으로 적어 넣어야 하는 의사소통 과정에서 그 적어 넣는 과정을 극히 간략화하고 있는 것이다. 컴퓨터는 기본적으로 '자판이라는 이름의 필기구'를 사용하고 있다. 이 필기구는 시프트키를 이용하여 서로 다른 글자를 입력한다. 이 과정에서 시프트키를 자주 이용해야 하는 '했어요'와 '있어서' 따위가 '햇서여'나 '잇서서'와 같은 형태로 바뀌고 있다. 사실상의 발음엔 별 차이가 없으면서 필기구 이용의 간편화를 꾀하는 것이다. 또 이 과정에서 일반적으로 일어나는 오타 역시 충분히 이해할 수 있는 형태로 받아들여지고 있다.

• 최소한의 의사소통성만을 남긴, 인터넷 언어의 일탈 현상은?

그 다음으로 논의해 볼 것은 기술적인 문제가 아닌, 언어 자체의 한계를 극복하려는 움직임을 주목할 필요가 있다. 곧 인터넷이 가지는 가장 변화 지향적인 현상이라고 할 수 있는 것이다. 일반적으로 인터넷 언어가 지나치게 축약되고 있다는 비판을 받는 사례들이 대개 이에 속한다. 예를 들어 '방가'라는 말은 반갑다는 말의 (지나친) 축약이긴 하지만, 동시에 또 다른 함축적 의미를 품고 있다. 그것은 엄격한 규범의 굴레를 벗어던지는 일종의 '해방'이다. 귀찮은 규범의 껍질을 벗어던지면서 최소한의 의사소통성만을 남겨 둔 상태인 셈이다. 비유하자면 옷을 훌렁 벗어버리되 어쩔 수 없는 부분만 가린 비키니형 표현이라고 볼 수 있는 것이다. 곧 "반갑습니다. 우리 좀 자유롭게 이야기합시다."라는 표현으로 받아들여야 할 새로운 형식의 언어 구성이라고 보는 것이 옳다는 것이다. 그러한 예는 '안냐세여(안녕하세요), 글구(그리구), 잠만여(잠깐만요)' 등에서도 마찬가지의 해석이 필요하다. 이 경우에도 대체로 입말에서 사용하는 통속 발음을 직접적으로 반영하는 수법이 이용된다.

간이형 간략화 간편화 지향적 축약 함축 엄격한 굴레

인터넷에서 오로지 축약 현상만 발견되는 것은 아니다. 거꾸로 강조를 하는 의미에서 축약이 아닌 변형, 혹은 복잡화를 꾀하는 부분도 있다. 예를 들어 '싸랑/쌀앙(사랑), 욜씨미/욜씸히(열심히), 슬포(슬퍼), 시로(싫어), 역쉬(역시), 옵빠(오빠)'와 같은 경우가 그런 측면을 보여 준다. 특히 감성적인 표현을 나타내는 부분이 주로 이에 해당한다. 이런 현상 역시 표기된 상태로 쓰이지 않는 탓에 익숙지 않아서 그렇지 일상 입말에서는 흔하게 나타나는 일이다.

대단히 주목할 만한 요소는 전엔 없던 새로운 문법 요소가 생겨난 것이다. 문장 종결 부분에 이응 받침을 달아 다정한 표현을 만들어 서술형은 '입니당, 왔습니당, 할꼬당', 의문형은 '모냥(뭐냐)?'처럼 하고 또 명령형을 '하셈(하세요), 어서 오셈'으로 표기하여 인터넷식 표현의 정형으로 자리 잡고 있다. 그 외에도 '해떠염(했어요), 알또(알았어), 넵(네)'처럼 애교를 과장하는 식으로 표현하기도 한다.

이보다 좀 더 심각하게 받아들여지는 경우는 '궁민(국민), 구케우원/국해우원(국회의원), 차카게 살자(착하게 살자)' 등처럼 자판의 구조와도 관련 없이 무언가의 목적의식을 가지고 의도적으로 탈규범적인 표기를 하는 경우이다. 이 경우에는 대상에 대한 비판 의식 혹은 풍자 의식이 상당히 깊이 담겨져 있는 표현들의 경우에 해당한다. 좀 보수적인 시각을 가진 이들에게는 매우 불온해 보이는 표기인 것이다. 미묘한 가치 판단 문제가 따르기 때문에 일일이 예를 들기 거북하기 짝이 없는 경우가 많다. 혐오감을 가지는 특정 언론기관의 이름을 비꼬아 적는다든지, 특정 인물의 이름을 모욕적으로 변형시켜서 사용하곤 한다. 이런 경우는 사실 의도적인 변형이기 때문에 오로지 언어 규범에 맞는지 안 맞는지를 논하는 것은 적절하지 않다. 이런 의도적 변형은 인터넷이 아닌 일반 언어생활에서도 빈번히 일어나기 때문에 이런 현상을 문제 삼으려면 언어 사용의 기본 목적과 태도의 문제를 먼저 논해야 할 것이다. 단지 인터넷은 파급력이 워낙 크기 때문에 그 표현 결과에 대해 윤리적인 논란의 여지는 많이 있다.

- 감성적인 표현을 강조하기 위한, 인터넷 언어의 일탈 현상은?
- 새로운 문법요소의 원칙은?
- 의도적으로 탈규범적인 표기를 하는 이유는?

꾀하다　과장하다　풍자　불온　거북하다　비꼬다　파급력

• 저자의 주장은?

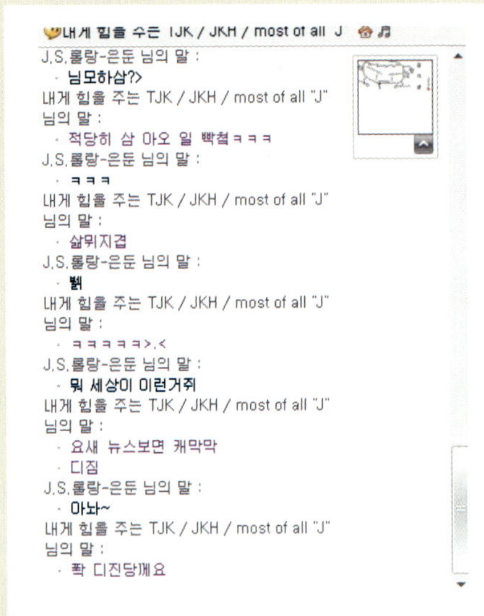

결론적으로 말하자면 인터넷 언어에 대한 일반의 걱정과 비판은 일면 그럴 듯한 부분도 있으나 과학 기술과 문화의 발전, 그리고 이에 따른 삶의 양식의 변화를 생각한다면, 그리 호들갑스러운 근심 걱정으로 해결할 수는 없다. 우리 주변의 물질적 변화를 어떻게 받아들일 것인가 하는 태도를 먼저 정리할 필요가 있다. 의사소통의 혁명이라고 일컬을 수 있는 인터넷을 통하여 우리가 이익을 볼 수 있는 부분(시공을 넘나드는 실시간 통신, 다량의 정보를 순식간에 주고받음, 교실 중심에서 초공간적 학습으로의 이동 등)과 단점(정보 소유의 계층화, 항시적인 프로그램 업데이트에 따른 끊임없는 경제적 소모, 언어 형태와 기능의 급격한 변화 등)들을 잘 살펴서 무엇을 개선하고 무엇을 순순히 받아들여야 할지를 생각해야 한다는 것이다.

• 인터넷 언어의 긍정적 의의는?

이 가운데에서 언어 문제에 관련된 부분은 적어도 나의 생각으로는 적극적인 수용의 길이 바람직하다고 본다. 많은 사람들이 걱정하는 윤리적 문제인 인터넷에서 나오는 어설픈 혹은 패악스러운 표현은 이미 우리 언어생활 속에서도 상존하고 있는 것이고, 다만 인터넷을 통해 걸러짐 없이 유통된다는 문제 발생의 원인을 치유하는 방향으로 나아가야 할 것이다. 오히려 이 모든 것들을 긍정적인 시각에서 본다면 더욱 가치 있는 성과를 예견할 수도 있다. 무엇보다도 지나치게 경직돼 있는 언어 규범을 자연스럽게 확장시키고 변화시킬 수 있는 기회로 삼을 수 있다. 더구나 우리의 언어 규범은 제정 당시부터 지나친 엘리트 의식이 많이 반영되어 있어서 일반 대중에게 부담스러운 면이 많았다. 규범 설정의 권한을 점차 일반 대

호들갑스럽다 패악스럽다 경직되다

중에게 넘겨준다는 의미에서도 우리가 인터넷을 통하여 자유분방한 언어 사용 권리를 누리는 것도 그런 점에서는 의미 있는 일이다.

『인터넷과 우리말』
저자 – 김하수 (어문학 박사, 연세대학교 국어국문학과 교수)

1. 위 글을 요약하십시오.

2. 위 글을 내용에 따라 세 부분으로 나눌 때 각 내용이 시작하는 단락의 첫 단어를 쓰십시오.

단락 시작	기능	내용
인터넷	설명	인터넷 언어의 여러 가지 탈규범적 현상
	제안	인터넷의 장단점을 잘 살펴야 한다.
	주장	인터넷 언어의 새로운 변화 현상을 긍정적으로 수용해야 한다.

3. 인터넷 언어의 탈규범적 현상과 관계있는 것을 바르게 연결하십시오.

❶ 간이형 맞춤법 •		• ㉠ 필기구 이용의 간편화
❷ 축약 •		• ㉡ 감성적인 표현의 강조
❸ 복잡화 •		• ㉢ 대상에 대한 비판과 풍자
❹ 의도적인 탈규범적 표기 •		• ㉣ 엄격한 규범의 굴레를 탈피

4. 다음 중 인터넷 언어 규범이 변화하는 원인으로 말하지 **않은** 것은 무엇입니까? (　　)

❶ 글말 언어의 한계를 극복하려고
❷ 인터넷의 파급 효과를 고려하려고
❸ 실시간 의사소통 과정을 간략화하려고
❹ 애교나 다정함을 시각적으로 보여주려고

5. 위 글의 내용과 같으면 ○, 다르면 ×표시 하십시오.

1) 언어를 복잡하게 쓰는 것은 최소한의 의사소통성만을 남기기 위함이다. (　　)
2) 인터넷 언어는 시프트키 사용을 줄이려고 자음 받침을 단순화하는 경향이 있다. (　　)
3) 네티즌은 문장 종결 부분에 'ㅇ'이나 'ㅁ'을 덧붙여 다정한 감성을 문자로 표현한다. (　　)

6. 저자는 탈규범화하는 인터넷 언어에 대해서 어떻게 생각합니까? (　　)

❶ 비윤리적인 표현이 걸러짐 없이 유통되므로 문제가 된다.
❷ 언어 규범을 실용적인 방향으로 개선할 수 있는 기회이다.
❸ 새로운 문법 요소에는 지나친 엘리트의식이 반영되어 있다.
❹ 파급 효과가 크므로 새로운 어휘를 만들 때는 신중해야 한다.

7. 저자는 한글의 언어 규범을 제정할 때 지나친 엘리트 의식이 반영되었음을 지적하고 있습니다. 1929년 조선어연구회가 한글 맞춤법 통일안을 제정할 때 일반 대중의 의견을 많이 반영하지 못했기 때문입니다. 여러분 나라에서 언어 규범을 제정할 때는 일반 대중과 엘리트 계층 가운데 누구의 의견이 많이 반영되었습니까? 어느 계층의 의견이 더 많이 반영되는 것이 바람직하다고 생각합니까? 왜 그렇게 생각하는지 근거를 들어서 이야기해 봅시다.

더 읽어 보기

멀티미디어를 통한 의사소통

정보 사회에서 일상화된 멀티미디어는 사회, 문화적으로 중요한 의사소통의 수단이 되고 있다. 그에 따라 멀티미디어를 활용한 의사소통의 중요성도 점차 커지고 있다.

인터넷과 컴퓨터로 대변되는 멀티미디어는 지식과 정보를 습득하고 소통하는 방식은 물론, 더 나아가 우리 삶의 모습까지도 크게 바꾸어 놓았다. 우리는 전 세계에 파고든 인터넷 통신망을 통해 지구 반대편에 있는 사람과도 거의 실시간(實時間)으로 전자 우편을 주고받을 수 있고, 컴퓨터 채팅을 통해 수많은 사람들과 자유롭게 토론을 펼칠 수도 있다. 또한 컴퓨터를 통해 신문이나 잡지, 사진, 동영상 따위를 보거나 이들 자료를 컴퓨터 안에 저장해 두고 편집하여 유용하게 사용하는 일이 언제든지 가능하게 되었다.

멀티미디어에서는 모든 자료가 디지털화되어 있기 때문에 사용자는 자료를 효율적으로 압축, 저장, 관리할 수 있고, 언제 어디서든 자료를 복제, 가공, 편집할 수 있어서 미디어가 창출하는 효과에 직접 참여할 수 있게 되었다.

바로 이러한 점에서 소수의 전문 지식인들이 지식과 정보를 대중에게 일방적으로 수용하도록 강요하는 인쇄 매체와는 달리 멀티미디어는 접하는 지식과 정보가 철저하게 사용자 중심적이다. 그것은 멀티미디어에 담긴 지식과 정보가 완결된 형태가 아니라 유동적인 상태인 이른바 '하이퍼텍스트'이기 때문이다.

지식과 정보의 구조가 '저자의 의도→독자의 반응', '원인→결과' 형태의 폐쇄적인 구조인 책과 달리, 하이퍼텍스트는 각종 자료들이 서로 느슨하게 연결되어 있어서 사용자의 관심 정도에 따라 지식과 정보의 효용 가치가 달라진다. 즉, 사용자는 하나의 하이퍼텍스트를 끝까지 읽지 않은 상태에서 다른 하이퍼텍스트를 넘나들면서 지식과 정보를 받아들일 수 있는 것이다.

인터넷에서 지식과 정보가 유통되는 방식은 동일한 시공간에서 이루어지는 양방향성을 특징으로 한다. 쓰기를 기반으로 하는 의사소통 수단인 편지와 컴퓨터 채팅을 예로 들어 양방향성을 설명해 보자. 편지는 보내는 사람과 받는 사람 사이에 폐쇄적이고 일반적인 구조를 가지고 있다. 일단 보내는 사람과 받는 사람의 역할이 결정되어 있기 때문이다. 반면에 컴퓨터 채팅은 상대방과 의사를 실시간으로 교환할 수 있는 개방적인 상호 구조를 가지고 있다. 채팅에서 수신자는 더 이상 수동적인 존재가 아니라 송신자에게 반응하는 능동적인 존재이며, 수신자에게 반응하는 제2차 송신자가 된다. 바로 이것이 멀티미디어의 양방향성이다.

이렇듯 멀티미디어 문화는 의사소통 구조와 정보 유통이라는 측면에서 무한한 잠재적 가능성을 가지고 있다. 그러나 멀티미디어 문화가 이처럼 장밋빛 미래만을 약속하는 것은 아니다. 현재로서는 그 폐단 또한 적지 않은 것이 사실이기 때문이다. 멀티미디어를 통한 의사소통은 사람과 사람이 마주 대면하는 방식이 아니라, 컴퓨터 화면을 앞에 두고 이루어지는 간접 대면 방식이다. 즉 자신의 존재를 감춘 채로 상대방과 의사를 교환하는 익명(匿名)의 의사소통 행위가 이루어지는 것이다. 이러한 간접 대면 방식을 보호막으로 삼아 가상공간에서는 현실에서 억눌려 있던 저급한 의식이 발산되기도 한다. 은어나 비어, 욕설 같은 바람직하지 못한 언어 표현이 자주 등장하는 것은 물론이고, 심지어는 인격의 비하, 냉소 같은 사회의 부정적인 문화까지 반영하는 수가 있다.

그러나 멀티미디어 문화가 국어 생활과 관련해서 반드시 부정적인 방향으로만 흘러간다고 보기는 어렵다. 건전한 사회적 의사소통 문화와 통신 언어의 일정한 규범을 만들어 내려는 노력도 엿보이기 때문이다. 실제로 웹진(webzine), 채팅, 전자우편, 전자 게시판에서는 청소년들이 자기 주장을 적극적으로 펼치는 모습과 통신 언어의 규범을 나름대로 세우려는 모습을 쉽게 찾아볼 수 있다.

중·고등학생들이 발간하는 어느 웹진 홈페이지를 보면, 자원해서 참여한 학생 기자들이 쓴 취재 기사들로 채워져 있다. 웹진 홈페이지는 정치, 문화, 교육 문제에 대한 청소년들의 관심과 주장을 담아서 매체의 기능을 훌륭하게 수행하고 있는 것이다. 이는 적극적인 국어 생활이며, 의사소통의 사회적 실천이라 할 수 있다.

어느 인터넷 사용자는 '통신 버전 제1탄-한글 맞춤법 사전'이라는 제목의 글을 자신의 전자게시판에 올려놓았다. 이 글에서는 '고딩'과 같이 컴퓨터 통신에서 널리 사용하는 표현을 '통신 표준어'로 정하며 '혼자만 사용하는 말'은 버리자고 주장하고 있다. 이와 함께 이름 뒤에는 '~님'자를 붙여 사용하고, '어서 오십시오'를 '어섭'이나 '어솨요'처럼 줄여 쓰기를 권하기도 한다. 이렇게 멀티미디어 사용자 스스로가 통신 언어를 표현하는 규범을 세워 그것을 실천하려 하고 있다.

인터넷과 컴퓨터로 대변되는 멀티미디어의 확산은 오늘날 정보화 사회의 출현을 가능하게 하였으며, 그에 따라 전 세계를 거미줄처럼 연결하고 있는 거대한 전자 정보 네트워크인 인터넷과 가상공간은 의사소통의 시간적, 공간적 한계를 극복하는 데 크게 기여했다. 그러나 가상공간이 실제 현실과 무관한 것은 아니다.

멀티미디어를 통한 의사소통 과정에서도 정확한 표기를 비롯한 각종 언어 규범은 여전히 그 중요성을 잃지 않는다. 또한 매체가 바뀌었다고 해서 언어 일반의 규범과 문화 일반의 규범까지 아예 무시하려는 것은 분명 잘못된 태도이다. 의사소통이란 무엇보다도 사람과 사람 사이에 일어나는 생각의 교환이자 지식과 정보를 주고받는 과정이기 때문이다.

이런 의미에선 가상공간에서 지식과 정보에 자유롭게 접근하고, 시간과 공간의 제약을 벗어나 다수의 사람들과 의사를 교환하는 행위도 결국 현실세계에서 좀 더 확장된 풍요로운 삶을 누리기 위한 것이지, 결코 가상공간에서 가상의 삶을 누리기 위한 것이 아니라는 확고한 인식을 가질 필요가 있다. 그러므로 우리에게 필요한 것은 현실 의사소통 규범의 무시나 파괴가 아니라, 현실 의사소통의 규범이라는 기반 위에 새로운 환경에 맞는 새로운 의사소통 규범을 창조해 내고자 하는 노력인 것이다.

『멀티미디어를 통한 의사소통』
저자 – 조항범 (국문학 박사, 충북대학교 인문대학 국어국문학과 교수)

1. 하이퍼텍스트의 장점과 단점에 대해서 이야기해 봅시다.

2. 멀티미디어 사회에서 새롭게 요구하는 언어 사용 규범에는 어떤 것이 있는지 이야기해 봅시다.

07 과학과 인간의 삶

- 과학의 발전으로 인간의 삶이 행복해졌을까요?

- 과학 기술의 혜택과 문제점에 대해 예를 들어 이야기해 봅시다.

교양서 읽기 1

과학과 정의의 문제

과학은 자연의 비밀을 파헤치는 인간의 활동이다. 반면에 정의는 사람의 자유, 평등, 법률적 공평성 등을 근간으로 한 이념이다. 과학이 진리 탐구의 영역이고 사실의 영역이라면, 정의는 윤리적이고 법률적인 가치의 영역이다. 과학적 발견의 결과는 만인에게 평등하게 귀속되지만, 정의의 경우 우리 사회에서 정의가 항상 정의롭게 지켜지지만은 않는다는 인식이 있다.

• 과학과 정의의 차이는?

그렇지만 과학에 대해서 조금만 시각을 넓혀 보면, 과학과 정의의 교집합이 꽤 존재할 뿐만 아니라 그것이 점점 더 넓어지고 중요해 감을 알 수 있다. 과학의 이상과는 달리 과학에 기초한 기술과 산업 발전의 혜택은 계층별로, 인종별로, 국가별로 불균등하게 배분되는 것이 현실이다. 예를 들어, 정보 기술의 발전은 정보 기술을 이용해 더 많은 부가가치를 창출하는 사람들과 정보의 접근에서 소외된 사람들 사이의 경제적 문화적 간격을 더 벌려놓고 있다.

• 기술과 산업 발전의 혜택이 불균등하게 배분되는 결과는?

전통적인 방법에 의해서 이 새로운 부를 균등하게 배분하려는 노력은 한계가 있다. 때문에 과학기술의 연구 단계부터 그 결과의 사용과 배분을 생각하는 것이 현대 사회에서 정의를 구현하는 데 중요한 이슈가 된다.

또 과학기술의 발전은 사람이 거주하는 도시를 비롯한 생태계를 급격히 바꾸어 놓는다. 비록 오염이 만인에게 평등하다는 역설이 있지만, 열악한 지역에 거주하는 사람들은 더 오

• 과학기술의 발전이 바꾸어 놓은 것은?

공평성　근간　귀속되다　교집합　배분되다　부가가치　균등하다　역설

염된 공기를 숨 쉬고 더 오염된 물을 마시며, 더 많은 기술적 위험에 노출되어 있다. 도시화와 경제 성장은 화석 에너지에 대한 의존도를 높이고 있다. 각국의 정부와 과학 기술자들은 대안 에너지 사용에 동의하지만, 또 다른 한편으로는 지금의 에너지 수요에 맞추는 대안 에너지가 개발될 때까지는 원자력 에너지의 사용을 어쩔 수 없는 현실적 선택으로 받아들이고 있다.

• 과학적 의학의 긍정적 결과와 부정적 결과는?

20세기 '과학적 의학'의 탄생은 인간이 질병과 싸워온 역사에서 획기적인 사건이다. 항생제의 발명, 의료 기기의 발전, 다양한 신약 개발을 통해 인류는 극복할 수 없으리라 믿어졌던 수많은 질병을 극복했다. 지금은 분자생물학 연구나 유전자 치료를 통해 불치병과 암을 극복하는 것을 목표로 하고 있다. 그렇지만 이 과정에서 의료의 혜택이 불평등하게 돌아가는 문제가 발생한 것은 물론이다. 환자의 의도를 거역하면서 환자를 대상으로 여러 가지 실험을 하는 경우도 빈번히 일어나고 있다. 질병에 노출이 안 된 사람이 없듯이, 이러한 문제는 사회적 정의의 침해로 이어질 수 있다.

• 과학 연구가 '인간'의 개념을 확장한 예는?

마지막으로 과학 연구는 '인간'의 개념을 확장한다. 시험관 아이가 탄생하기 전에 종교계 일부에서는 인위적인 방법으로 아이를 만드는 것이 신의 뜻에 위배된다고 이를 반대했다. 하지만 지금은 인공수정을 통해 태어난 아이들도 다른 아이들과 전혀 다를 바 없는 '인권'을 부여받고 있다. 한편 줄기세포에 대한 최근의 연구는 배아를 실험적 목적을 위해 파기하는 것이 정당하느냐는 문제를 야기하면서 이에 대한 논란을 가속화시켰다. 과학자사회는 14일 이전의 배아는 잠재적 인간으로 볼 수 없다는 견해에 합의했지만, 종교계는 모든 수정란에 인간의 지위를 부여해야 한다고 주장하면서 과학계의 의견에 반발하고 있다. 또 유전공학이 발전하면서 '인간=유전자의 총합'이라는 유전자결정론이 사람들 사이에서 널리 받아들여지고 있는데, 이는 인간을 전인적 총체로 보는 것을 가로막고 있다.

• 과학의 발전이 정의를 가져오지 않는다고 생각하게 된 이유는?

20세기 초엽까지만 해도 이성과 과학에 기반할 때 정의는 자동적으로 성취될 수 있다고 믿었다. 그렇지만 지금은 과학의 발전이 자동적으로 정의를 가져오지 않는다는 인식이 확산되고 있다. 이러한 인식은 과학기술 발전을 통한 현대사회의 급격한 경제 성장이 사회적 불평등을 강화하고, 전쟁에서 대량살상을 가져오며, 기술적 위험을 증가시키고 환경을 황폐

획기적이다 거역하다 침해 위배되다 파기하다 야기하다 논란 대량살상

하게 함으로써 사회 공동체의 인간다운 삶을 저해한다는 것을 경험하면서 생겨나기 시작했다. 즉, 과학기술의 발전이 사회와 자연 환경을 바꾸는 것은 물론, 인간의 몸에 직접 개입함으로써 이에 영향을 받는 인간에게도 깊은 영향을 미치는 것이다.

현대 사회는 과학의 혜택을 고르게 분배하는 문제를 해결해야 한다는 숙제를 안고 있다. 동시에 사회적 문제를 낳을 수도 있는 과학기술의 발전을 적절하게 제어하고 통제해야 한다는 숙제를 안고 있다. 정의를 구현하기 위해서는 과학기술의 발전을 사회 정의의 차원에서 비판적으로 생각해 보아야 한다.

• 현대 사회의 두 가지 숙제는?

『과학과 정의의 문제』
저자 – 홍성욱 (과학사 전공, 서울대 생명과학부 교수)

1. 위 글을 요약하십시오.

2. 다음 내용에 해당되는 단락을 쓰십시오.

		내용	단락
1	도입	과학과 정의	1
2	문제 제기	과학 발전과 불평등	
3	예시	과학 발전에 따른 사회적 문제 예	
4	과제	과학 기술과 사회 정의 구현	

3. 다음 어휘에 대한 설명이 적절한 것을 고르십시오. (　　)

❶ 과학적 의학 : 과학자들이 의료에 대하여 실험 연구를 하는 분야이다.
❷ 화석 에너지 : 현재 가장 많이 사용하는 에너지로서 원자력 에너지를 포함한다.
❸ 유전자 치료 : 정상 유전자를 이용하여 불치병을 치료한다.
❹ 유전자 결정론 : 인간이 전인적 총체임을 의미한다.

4. 과학 기술의 발전으로 나타난 문제점이 **아닌** 것을 고르십시오. (　　)

❶ 경제가 성장했으나 혜택의 고른 분배가 이루어지지 않았다.
❷ 첨단 무기의 개발로 대량 살상이 가능해졌다.
❸ 공동 기술 개발에 따르는 비용 문제로 국가 간에 갈등이 심해졌다.
❹ 자연 환경 파괴로 인해 여러 가지 환경 문제가 나타나고 있다.

5. 위 글의 내용과 같으면 ○, 다르면 ×표시 하십시오.

1) 정보 기술의 발전으로 계층 간의 문화적 차이가 줄어들고 있다. (　　)
2) 오래 전부터 과학 기술을 연구하는 단계에서 어떻게 결과를 사용할지 고려해 왔다. (　　)
3) 대안 에너지를 개발하기 전까지는 원자력 에너지를 사용할 예정이다. (　　)
4) 수정란이 인간인가에 대하여 과학계와 종교계의 의견이 다르다. (　　)

6. 위 글에서 저자가 '20세기 초엽까지만 해도 이성과 과학에 기반할 때 정의는 자동적으로 성취될 수 있었다고 믿었다'라고 말한 이유인 것을 고르십시오. (　　)

❶ 최근까지 과학을 통한 정의의 실현이 가능했음을 주장하려고
❷ 현대 사회에서는 과학에 의한 정의의 성취가 쉽지 않음을 이야기하려고
❸ 과학의 힘에 대한 믿음의 중요성을 모두에게 알리려고
❹ 정의의 자동적인 성취를 위한 모색이 필요함을 강조하려고

7. 이 글 마지막에서 '숙제'로 얘기한 제안이 옳다고 생각합니까? 그에 대해 이야기해 봅시다.

교양서 읽기 2

생명 윤리

오늘날 생명을 번식하게 하며 유전자를 변형시키는 새로운 유전공학기술로 인해 자연과학적, 의학적으로뿐만 아니라 윤리적, 법적으로도 아주 새로운 국면에 들어서게 되었다. 유전공학의 유전자 조작 기술은, 이제까지 신의 영역에 속한다고 생각했던 생명 현상을 인위적으로 조작하는 기술이라는 점에서 그 윤리성 여부에 대한 논쟁이 분분하다.

• 유전공학기술의 윤리성이 문제가 되는 이유는?

유전공학은 아직 신기술에 속하지만 대단히 빠른 속도로 발전하고 있으며, 그 응용 가능성의 폭 또한 대단히 넓다. 세포에 관한 우리의 지식은 더욱 확대되어 아직까지 알려지지 않은 응용 가능성이 열릴 것이다.

인간이나 동물의 기관에 중요한 역할을 하는 호르몬과 같은 자연 물질은 매우 적은 양이 있을 뿐이며, 지금까지 그러한 호르몬을 의학의 목적으로 생산하는 일은 어렵거나 불가능했다. 그러나 유전공학은 필요한 유전자의 자연물질 구성을 박테리아나 세포를 배양해 다른 유기체에서 활성화시키는 것을 가능하게 해 준다. 이러한 방법으로 희귀한 물질을 대량으로 생산할 수 있으며, 병원균이나 바이러스의 성분을 백신으로 사용할 수 있다. 그러한 물질을 유전공학적 방법으로 생산하는 것은 완전한 바이러스나 병원균을 이용하는 것보다 덜 위험하다.

• 희귀 물질, 백신 개발은 어떻게 가능한가?

그런데 유전공학적으로 변형된 박테리아나 유기체가 외부 환경에 노출될 경우 그 유해성 여부가 우려된다. 이러한 기술을 검토할 때에는 일단 자연환경에 노출, 확산된 많은 박테리아나 유기체를 다시 수거할 수 없다는 사실을 염두에 두어야 한다. 위험한 유기체가 외부 환경에 확산될 가능성이 있는 경우 이러한 유전공학적 시도는 저지되어

• 유전공학적으로 변형된 박테리아나 유기체가 왜 위험한가?

논쟁　　분분하다　　배양하다　　유기체　　유해성　　저지되다

07 과학과 인간의 삶

야 한다. 그러나 유해하지 않은 유기체가 외부에 노출되거나, 또는 큰 위험성이 없는 유기체가 안전한 방법으로 실험실이나 생산 장소에 보관된다면 일단 반대할 이유는 없을 것이다.

• 인간의 경우, 유전자 검사로 알 수 있는 것은?

유기체의 유전자 검사는 몇몇 속성 및 결과를 초기에 예측할 수 있다. 식물의 경우 배아 단계에서 이미 성숙한 식물의 특징을 확인하는 것이 가능하며, 인간의 경우는 오늘날 많은 유전적 특징을 출생 전에 확인할 수 있어 중증 유전질환의 후기 발생을 예고한다. 그러한 지식의 확장은 인간에게 질병 예방의 가능성을 열어 주나, 태아 질병의 진단은 인공유산으로 이어질 수 있기 때문이다. 또한 특정한 직업병의 예견은 노동 안전의 개선이나 개인 정보의 보호 대신 어떤 노동에는 특정 노동자의 취업을 제한할 수도 있다는 문제를 제기한다.

• 유전자 연구로 위험해지는 건 누구인가?

요즘 세계 곳곳의 수많은 연구소에서 유전자에 관한 연구를 한다. 이러한 연구에서 발생할 수 있는 위험은 실험실이나 실험에 직접 참여하는 사람들에게만 국한되지 않는다. 광범위한 연구 분야에서 과학은 그 한계를 넘어서 사회와 생물의 생활 조건을 실험장으로 이용한다. 물론 이론과 실험을 통해서 성공적으로 새로운 지식이 획득되기도 하지만, 어떤 경우에는 연구의 위험이 회복 불가능한 사회의 위험이 될 수도 있다.

• 과학자는 어때야 하는가?

다양한 유기체 간의 유전자를 교환하는 일은 위험한지, 그러한 방법으로 인해 새로운 종류의 식물 해충이 발생되지는 않는지 검토해 보아야 한다. 그런데 모험 없이 얻을 수 있는 것은 없다. 의심할 바 없는 것은 지식이 더해질수록 그것을 더 조심스럽게 사용하게 된다는 사실이다. 다시 말해 믿을 만한 지식이 무지보다는 어떤 경우라도 더 낫다. 그러나 한 걸음 앞으로 나갈 때마다 과학자는 어떠한 모험에 발을 내딛고 있는가에 대해서 신중히 생각해 보아야 한다.

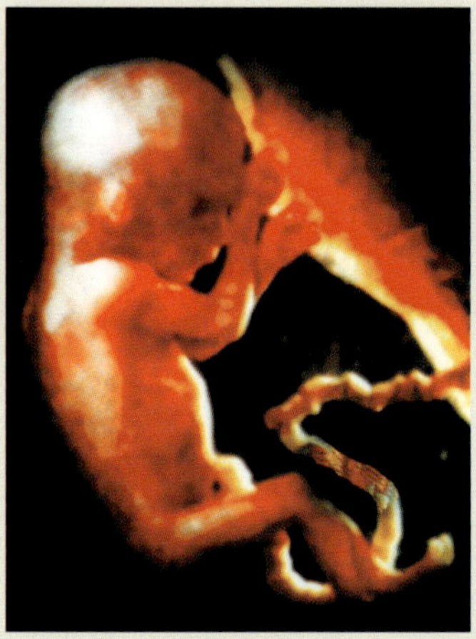

중증　　예견　　국한되다　　획득되다

과학 기술은 우리 생활에 밀접한 영향을 미치며, 그 영향 범위가 전 사회, 전 세계에 이르고, 역사를 바꿀 수 있을 정도로 위력을 지니기도 한다. 따라서 과학자의 책임 또한 막중하다. 연구를 수행하는 데 목적이 있다. 이 목적은 선한 데 있어야 할 것이며, 이 선한 목적에 도달하기 위한 수단이나 방법 역시 올바르고 선해야 한다.

• 과학 연구의 목적과 방법이 선해야 하는 이유는?

불치병과 난치병 환자의 치료를 돕고자 하는 것이 목적이라는 배아 복제 줄기세포 연구는 배아의 죽음을 전제로 한다는 근본적인 윤리 문제를 지니고 있다. 난자와 정자로 수정된 배아이든, 체세포 핵이식을 통해 연구용으로 만들어 낸 복제 배아이든, 불임 시술 과정에서 남아 냉동 저장된 잔여 배아이든 모두 온전한 인간으로 성장할 수 있는 잠재력을 지닌 인간 존재이다. 환자들을 돕는다는 좋은 목적을 위해 연구한다지만, 생명을 조작하고 줄기세포를 채취하는 과정에서 무고한 배아가 죽게 되는 것이다. 더구나 연구를 위한 배아의 생성은 궁극적으로 파괴할 목적으로 생명을 만드는 것이므로 더욱 윤리적 문제가 심각하다.

• 배아복제줄기세포 연구의 윤리적 문제는 무엇인가?

배아는 눈으로 식별할 수조차 없는 작고 미미한 존재이지만 단순한 물질이나 세포가 아니라, 온전한 인간 개체로 될 인간 존재인 것이다. 지금 존재하는 우리는 모두 배아의 시기를 거쳤으며, 배아는 인간으로 되는 데 반드시 거쳐야 하는 통로라고 할 수도 있다.

• 배아란?

모체 내에서 성장 발육할 가능성이 있는 배아만이 인간 생명체라고 주장하는 이들이 있다. 같은 배아임에도 불구하고 실험실에 있는 배아는 함부로 다루어도 되는 단순한 세포 덩어리이고 모체 내에 있을 경우에만 인간이라는 생각은 인간의 정의를 위치나 환경에 따라 달리 규정하는 모순된 결과를 초래한다. 타인의 선택에 따라 자궁 이식 여부가 결정되고 그 결과로 배아의 생명이 보호되기도 하고 파괴되기도 한다는 것은 정의의 원칙에 어긋난다. 오히려 모체 내에서 보호받지 못하는 잔여 배아가 모체에 이식된 배아보다 보호의 필요성이 더 크다고 보아야 할 것이다.

• 모체 내 배아 가 아닌 배아로 보호가 필요한 배아는?

『생명 윤리』
저자 – 구인회 (철학 박사, 카톨릭대학교 생명대학원 교수)

위력　　막중하다　　채취하다　　무고하다　　식별하다　　규정하다

07 과학과 인간의 삶

1. 위 글을 요약하십시오.

2. 위 글은 다음과 같이 두 부분으로 나뉩니다. 각각의 제목을 붙여 봅시다.

	단락	제목
1	단락1 – 단락7	
2	단락8 – 단락11	

3. 다음 중 위 글에 나타난 '유전공학기술'에 대한 설명이 <u>아닌</u> 것을 고르십시오. (　　)

❶ 생명의 번식과 유전자 변형을 가능하게 한다.

❷ 생명 현상을 인위적으로 조작하는 기술이다.

❸ 응용할 수 있는 범위가 좁은 편이다.

❹ 빠르게 발전하고 있는 신기술이다.

4. 위 글에서 제기하는 생명 윤리의 문제가 나타내는 예로 적절한 것을 모두 고르십시오.
(　　　)

❶ 희귀한 물질의 생산　　❷ 유전적으로 변형된 유기체

❸ 유전적 특징의 확인　　❹ 연구를 위한 배아 생성

5. 위 글의 내용과 같으면 ○, 다르면 ×표시 하십시오.

1) 유전공학에 의해 만들어진 유기체를 외부 환경에 노출할 때는 유해성을 고려해야 한다. (　　)
2) 현재 식물은 배아 단계에서 유전자 검사를 하기가 어렵다. (　　)
3) 인간의 경우 출생 전 유전적 특성을 알 수 있다. (　　)
4) 배아 복제 줄기세포 연구는 환자의 치료를 돕기 위한 것이다. (　　)

6. 배아에 대한 저자의 입장은 무엇입니까? (　　)

❶ 모든 배아는 잠재적인 인간이므로 그의 파괴는 안 된다.
❷ 불임 시술 과정에서 남은 배아만 실험용 사용을 허용해야 한다.
❸ 연구용 복제 배아의 파괴는 윤리적인 문제가 없다.
❹ 모체 내에서 성장 가능한 배아와 다른 배아는 구별해야 한다.

7. 과학을 연구할 때에 '선한 목적에 도달하기 위한 수단이나 방법 역시 올바르고 선해야 한다'는 저자의 주장에 대해 어떻게 생각합니까?

더 읽어 보기

녹색 기술과 윤리

오이나 수박, 참외 같은 박과 식물을 온실에서 대량 생산할 때 대목을 쓴다. 연약한 채소로 연작을 할 때 병충해를 견딜 수 없기 때문에 뿌리가 억세고 병에 잘 걸리지 않는 박과의 다른 억센 식물에 채소를 접붙여 대목의 뿌리에서 채소를 얻는 기술이다. 1989년 경북 안동시 농촌지도소에선 하천변에 무성하게 자라던 박과의 잡초를 보고 대목으로 써 보았다. 그랬더니 효과가 매우 좋아 농가에 '안동 오이'란 이름으로 널리 보급했다. 1992년엔 오이와 수박 농가에 기여하고, 수입하던 대목을 교체한 공을 인정해 제1회 대산농촌문화상을 받기도 했다. 이 안동오이가 바로 요즘 심각한 사회문제가 되고 있는 외래종 식물 가시박이다. 강변과 높은 나무까지 뒤덮어 토착식생을 황폐화하는 이 '식물계 공룡'은 1970년대 군부대 등으로 유입됐지만 그 유해성이 드러난 것은 30여 년이 지난 요즘이다.

이처럼 환경문제는 어떤 기술의 예상치 못한 측면이 뒤늦게 드러나면서 발생하곤 한다. 뢴트겐이 19세기 말 엑스선을 발견한 뒤 이 신기한 광선에 열광한 사람들은 신발 가게에서 아이들 발 크기를 재거나 얼굴의 버짐을 제거하는 데 이 광선을 마구 쪼였다. 방사선 물질인 라듐을 발견한 물리학자 마리 퀴리도 그 방사선으로 목숨을 잃었고, 수십만 명이 라듐을 넣은 물약을 만병통치약으로 믿고 사 먹었다. 레이첼 카슨의 '침묵의 봄'에서 1970년대 농약 오염의 무서움을 알리는 상징으로 떠오른 살충제가 디디티(DDT)였지만, 이 물질을 발명한 뮐러는 1947년 노벨상을 받았다. 토머스 미즐 리가 발명한 프레온은 불에 타지 않고, 안정적이며 잘 분해되지 않는 특성으로 발명 당시 '기적의 화학물질'로 칭송 받았다. 하지만 바로 그 특성 때문에 오랜 세월 동안 성층권에 머물며 오존층을 파괴한다는 사실이 나중에 밝혀졌다. 그가 발명한 휘발유 첨가제 사에틸납도 기업에는 큰 돈을 벌게 해 줬지만 납 오염의 심각성이 드러나면서 이제는 사용이 금지돼 있다.

새로운 기술이 어떤 부작용을 부를지 처음부터 알기는 쉽지 않다. 기술을 개발해 어떤 이득을 얻을지에 골몰하느라 사회와 환경에 어떤 위해를 끼칠지 깊이 연구하지 않기 때문이다. 1980년대부터 '사전예방의 원칙'이 환경 정책의 중요한 원리가 된 것도 이 때문이다. 사람이나 환경에 심각한 피해를 줄 가능성이 있다면 인과관계가 과학적으로 확실치 않더라도 필요한 조처를 취해야 한다는 정신을 가리킨다. 이 원칙에 따라 프레온과 디디티가 국제적으로 사용이 금지됐고, 지구온난화에 대해 과학적 논란이 있었음에도 1982년 기후변화협약을 채택했다. 따라서 새로운 기술의 잠재적 환경 위해성에 대해 의문을 제기하는 것은 이제 정당한 시민권의 하나로 인정받는다.

'녹색 성장'이란 유엔 아태경제사회위원회(ESCAP)가 제창한 개념으로서 이 지역 국가들이 환경적으로 지속 가능한 경제 발전을 이루기 위한 정책을 가리킨다. 최근의 세계적인 경제 위기와 기후변화 사태에 직면해 많은 나라에서 녹색성장 또는 녹색뉴딜을 정책 과제로 내세우고 있다. 우리나라에서는 이명박 정부가 녹색성장을 국정 지표로 삼으면서 익숙한 개념이 됐다. 우리나라의 녹색성장 개념은 특히 녹색기술을 중시한다는 특징이 있다. 기후 변화와 같은 환경 위기를 기술을 통해 극복하고 그럼으로써 새로운 성장 동력을 얻겠다는 것이다. 녹색기술에는 온실가스를 감축하고 기후 변화에 적응하기 위한 에너지 절약과 효율 향상 기술, 교통과 산업의 친환경 기술 등이 포함된다.

『녹색 기술의 윤리』
저자 – 조홍섭 (환경사회학 석사, 환경전문기자)

1. 새로운 기술로 인해 부작용이 생긴 사례를 찾아서 이야기해 봅시다.

2. 녹색 기술은 어떤 것이 있을지 그리고 부작용은 없을지 이야기해 봅시다.

08 철학과 논리

- 사람들의 선입견이나 고정관념에는 어떤 것이 있습니까?

- 설득력이 있는 주장에는 어떤 내용이 포함되어야 합니까?

교양서 읽기 1

생각하는 힘 (1)

분석, 비판, 종합

이제 우리는 철학이란, 가장 근원적인 것에 대한 탐구이자 그 성격상 전체를 꿰뚫어보고자 하는 학문임을 어렴풋이나마 알게 되었다. 따라서, 철학은 단순히 다양한 개별적 사실을 파악하는 것에 만족하는 것이 아니라 그 전모를 파악하고자 한다는 점에서 '전일(全一)의 학'이라고 할 수 있을 것이다. 철학의 이러한 특성을 두고 흔히 종합이라고 한다.

• 철학을 '전일의 학'이라고 하는 이유는?

그러나 이러한 종합이 제대로 이루어지기 위해서는 먼저 다양한 개별적인 것들이 정확히 파악되어야만 한다. 다시 말해, 개별적 사실들의 근거와 본질, 나아가 그 숨겨진 배경까지 낱낱이 분석되어야 하는 것이다. 그러므로 분석이란 사태의 핵심으로 뚫고 들어가는 작업이며, 애매하고 모호한 점을 전혀 허용하지 않으면서 모든 거짓과 속임수를 파헤치는 탐구의 과정이다. 따라서 예리한 분석은 냉철한 비판으로 나아간다.

• 종합과 함께 이루어져야 하는 탐구의 과정은?

비판이란 어떤 것의 참모습을 드러내고자 하는 가장 합리적이고 가장 이성적인 탐구 활동으로서, 분명 단순한 불평이나 공연한 트집과는 다른 것이다. 설사 자기가 모르는 사람이라도 옳은 주장에는 기꺼이 수긍하고, 절친한 친구의 주장일지라도 거짓일 경우 그 잘못을 냉정하게 지적하는 것이 비판이다.

• 비판이란?

진정한 비판이란, 얼음처럼 냉철한 이성에 대한 호소이자 피보다 뜨거운 '진리에 대한 사랑'의 구체적 표현이다.

비판적으로 분석하고 종합하는 철학적 태도는 복잡다단한 현실을 사는 구체적 지혜라고 할 수 있을 것이다. 우리는 일상생활에서 하루가 다르게 변화하는 첨단 과학 정보에서부터 황당무계하기 이를 데 없는 사이비 종교의 혹설에 이르기까지 참으로 다양한 주장들과 접하며 때에 따라서는

• 철학적 태도는?

근원 꿰뚫어보다 전모 분석 핵심 트집 황당무계하다 혹설

선택을 강요당하기도 한다. 사실, 순진한 마음에 혹설에 휩쓸려 몸과 마음에 돌이킬 수 없는 크나큰 상처를 받는 경우조차 없지 않다. 어떤 결정을 할 수밖에 없으며 결국 그 결정에 대해 나 스스로 그 책임을 져야 하는 상황에서 우리는 어떤 기준에 호소할 수 있는가?

• 어떤 결정을 할 때 기준은?

우리는 대체로 지금까지 자기가 알고 있는 상식에 따라 판단한다. 즉, 자기가 이미 알고 있던 것과 일치하면 받아들이고 그렇지 않으면거절한다. 잘 모르는 경우는 책을 찾아보거나 전문가에게 자문을 구해 보기도 한다. 그런데 문제는 자기가 이미 알고 있던 것에 대해 전적으로 신뢰할 수 있을까? 또한, 책이나 이른바 전문가에 대해서는 어떻게 신뢰하게 되었는가?

• 같은 사태에 대해 대립되는 주장이 있을 때 어떻게 하나?

그러나 상식이 부정확한 경우가 많다는 것 자체가 상식이며, 책이나 전문가들의 주장 역시 서로 상반되는 경우가 흔히 있다. 동일한 사태에 대해 대립되는 주장들이 등장할 때, 우리는 그 주장이 사실과 이치에 부합하는지 따져 볼 수밖에 없다. 이를테면, 그 주장은 '객관적 사실에 기초하고 있는가?', '먼저의 주장과 앞뒤 이치가 맞는 것인가?', '논리적 비약은 없는 주장인가?', '왕자병에 걸린 소년처럼 자신의 소망을 마치 사실이라고 착각하고 있지는 않은가?'를 검토하게 되는 것이다.

선입견과 우상

• 베이컨의 네 가지 우상은?

철학을 공부하는 첫 걸음은 어떤 선입견도 배제하는 것이다. 그러나 불행히도 인간은 이미 많은 선입견에 사로잡혀 있다. 근대 대표적인 계몽주의자인 베이컨에 의하면, 인간이 진리를 발견하지 못하고 캄캄한 어리석음에서 헤매는 것은 '동굴', '시장', '극장', '종족'이라는 네 가지 우상에 빠져 있기 때문이라고 한다. 즉, '동굴의 우상'이란 우물 안 개구리같이 편협한 우리의 자세에

자문 상반되다 부합하다 이치 편협하다

대한 질타이며, '시장의 우상'이란 자신의 주관 없이 여러 사람의 의견에 휩쓸리는 태도를 일컬음이며, '극장의 우상'이란 기존의 권위를 답습함을 가리키며, '종족의 우상'이란 인간으로서 가지는 일반적인 편견을 말한다.

이러한 우상은 우리의 사고를 교란하는 거짓이며 속임수이고, 따라서 암흑인 것이다. 따라서 철학(哲學)은, 빛을 비추어 이 암흑을 걷어내는 '밝은 배움'이고, 음침하며 의심스러운 모든 것에 대해 '진리의 빛'을 비추고자 한다. 이를 위해서는 데카르트의 말처럼 내가 진리로 알고 있는 모든 지식에 대해 가능한 모든 방법을 동원하여 철저히 비판하고 회의해 본 후, 밝은 빛 앞에서도 전혀 의심스럽지 않은 참으로 명석 판명한(clar et distinct) 것을 찾아야만 하는 것이다.

• 우상에 빠지지 않기 위해서는 어떻게 해야 하나?

이와 같은 철저한 회의와 비판을 통하여 우리는 일체의 선입견과 고정관념에서 벗어날 수 있으며 진리를 추구하고자 하는 열린 마음을 가지게 되는 것이다. 열린 마음은 나만이 옳다는 배타적 사고를 멀리한다. 인간 이성의 보편성에 기초하고 있는 이와 같은 열린 마음이야말로 우리의 인생과 세계의 참모습을 밝히고자 하는 철학함의 출발점이다.

• 선입견과 고정관념에서 벗어나는 방법은?

질타　　　답습하다　　　교란하다

1. 위 글을 요약하십시오.

2. 위 글 중 '분석, 비판, 종합'부분은 크게 '철학적 태도'와 '결정의 기준'으로 나눌 수 있습니다. 철학적 태도에서 결정의 기준으로 내용이 전환되는 단락의 첫 단어를 쓰십시오.

(　　　　　　　　　　　　　)

3. 베이컨의 네 가지 우상을 **잘못** 설명한 것은 무엇입니까? (　　)

❶ 동굴 – 나의 생각만 옳다는 생각
❷ 시장 – 다른 사람의 의견에 쉽게 동조하는 태도
❸ 극장 – 기존의 권위를 무시하는 태도
❹ 종족 – 인간으로서 가지는 편견

4. 다음 중 철학에 대한 설명으로 맞지 **않는** 것을 고르십시오. (　　)

❶ 철학은 개별적 사실의 전체를 파악하고자 하는 학문이다.
❷ 분석을 할 때는 비판적 시각이 필요하다.
❸ 항상 전체를 종합한 후에 개별적인 사실들을 분석해야 한다.
❹ 모든 것을 비판적으로 바라봄으로써 고정관념에서 벗어날 수 있다.

5. 위 글의 내용과 같으면 ○, 다르면 ×표시 하십시오.

1) 어떤 것을 결정하기 어려울 때 상식에 따라 판단하는 것이 옳다. (　　)
2) 이미 알고 있다고 생각하는 지식에 대해서도 비판하고 회의하는 것이 필요하다. (　　)
3) 비판적으로 분석하고 종합하는 태도는 현실을 살아가는 데에 지혜를 준다. (　　)

6. 저자가 베이컨의 네 가지 우상에 대해 이야기한 이유는 무엇입니까? (　　)

❶ 비판의 종류를 보여주기 위해서
❷ 진리 추구의 방법을 설명하기 위해서
❸ 인생과 세계의 참모습을 밝히기 위해서
❹ 인간이 선입견에 사로잡혀 있음을 설명하기 위해서

7. 저자는 상식이 부정확한 경우가 많다는 것 자체가 상식이며 책이나 전문가들의 주장이 상반되는 경우가 흔하다고 했습니다. 이 말에 동의합니까? 동의하거나 반박한다면 근거를 들어 이야기해 봅시다.

교양서 읽기 2

생각하는 힘 (2)

논리적 모순

옛날 초나라에 창과 방패를 파는 사람이 있었다. 그는 "나의 방패는 단단하여 그 무엇도 이 방패를 뚫을 수 없다."고 자랑스럽게 말하였다. 또한 자신의 창을 가리켜 "나의 창은 예리하여 무엇이든 뚫고야 만다."고 자신만만하게 말하였다. 이에 어떤 사람이 "당신의 창으로 당신의 방패를 찌르면 어떻게 되는가?" 하고 묻자 그는 대답할 수가 없었다.

자, 무기 상인은 왜 대답을 하지 못하는 것일까? 그것은 '나의 방패는 단단하여 그 무엇도 이 방패를 뚫을 수 없다.'는 주장과 '나의 창은 예리하여 무엇이든 뚫고 만다.'는 주장이 동시에 성립할 수 없기 때문이다. 이 두 주장이 참인지 거짓인지를 확인하기 위해 굳이 그 창으로 그 방패를 찔러 볼 필요는 없다. 이것은 두 명제가 독립적으로는 성립하지만 동시에는 성립할 수 없는 모순 관계에 있기 때문이다.

• 이 이야기에서 무기 상인이 대답을 못하는 이유는?

'동그란 네모'를 한 번 생각해 보자.

우리 머릿속에 무엇이 떠오르는가? 떠오르기는커녕 생각하는 것 자체가 불가능할 것이다. 왜냐하면 우리의 머리는 논리적으로 모순이 되는 것을 상상할 수 없기 때문이다. 다시 말하면, 말은 곧 우리의 생각을 표현하는 것이요 말로 표현할 수 없는 사태라면 그것을 머리로 생각하는 것 자체가 불가능한 것이다. 즉, 말은 우리의 생각을 표현하는 것이기 때문에 말이 명료하지 않다는 것은 곧 사고가 그만큼 불명료하다는 것을 반증하는 것이다. 그러므로 논리는 우리의 생각을 말로 표현하는 데 있어서 기본적 규칙이요 필수 불가결한 도구인 것이다.

• 말이 명료하지 않다는 것은 무엇을 반증하나?

예리하다 모순 사태 명료하다 반증하다 필수 불가결하다

08 철학과 논리

- 석가모니가 아난존자에게 말을 하지 않고 연꽃을 들고 미소지은 이유는?
- 말을 하는 것이 비경제적이고 피곤한 일이 되는 경우는?
- 현대 사회에서 언어의 역할은?

논리적 언어

석가모니는 아난존자에게 말이 아니라 연꽃을 든 미소로써 그 설법을 전했다고 한다. 또한 노자의 도덕경 첫머리에서도 "도를 도라고 말하는 순간 그것은 이미 도가 아니다."라고 한다. 나아가 눈빛 하나만으로도 모든 것을 알 수 있는 아주 친밀한 사이에서 일일이 말을 하는 것은 참으로 성가신 일일 것이다.

정말 '꼭 말을 해야' 알아들을 수 있는 것일까?

우리가 말을 하는 이유는 의사소통, 즉 나의 의사를 정확히 표현하여 상대에게 전달하고자 하기 때문이다. 말을 하지 않고서도 서로 의사를 파악할 수 있을 정도로 그 맥락이 분명하고 또한 고정되어 있는 경우에는 일일이 말을 하는 것이 비경제적이요 오히려 피곤한 일일 수도 있다. 그러나 말을 하는 맥락이 불투명하고 끝없이 변화하는 경우 정확한 의미를 전달하고자 한다면 언어를 사용할 수밖에 없다. 가령 불교에 대해 전혀 알지 못하는 사람에게 스님이 연꽃을 들고 웃는다면, 대부분의 사람들은 그 의미를 파악할 수 없을뿐더러 오히려 매우 당혹스러울 것이다.

특히 현대 사회는 언어를 사용하는 맥락이 하루가 다르게 변화할 뿐만 아니라 종잡기조차 힘들 정도로 복잡한 사회이다. 이러한 사회에서 언어는 단순히 의사를 전달하는 수단을 넘어선 그 이상을 의미함으로써 우리가 세계를 분석하고 이해하는 일차적 수단인 것이다. 따라서 그 언어가 명료하지 않을 경우 우리는 우리가 살고 있는 이 사회 자체를 제대로 파악할 수 없게 된다. 즉, 사회적 무질서는 언어의 불명료성을 강화시키며, 언어의 불명료성은 사회적 무질서를 더욱 부채질하는 결과를 초래한다. 그러므로 명료하고 논리적인 언어 사용은 이런 악순환의 고리를 끊는 중요한 출발점이자 사회적 투명성을 고양하는 첫걸음이라고 할 수 있다.

설법 성가시다 당혹스럽다 종잡다 불명료성 고양하다

증명의 부담

다음 단락에서 구체적으로 살펴보겠지만, 논리란 한 마디로 말하여 일련의 명제들로 구성된 논증을 통해 자신의 주장을 구체적으로 펼쳐나가는 추론 내지 추리이다. 이 때 자신의 주장을 명료하게 표현해야 한다는 것은 이제 두말할 필요조차 없다. 자신의 주장을 논리적으로 펼쳐 나가는 과정에서 반드시 염두에 두어야 할 것은 증명의 부담이다.

• 논리란?

증명의 부담이란 '적극적 주장을 펴는 사람이 그 주장이 참임을 입증해야 한다'는 원칙이다. 예를 들어 갑과 을 두 사람 중 갑은 '신이 존재한다'고 주장하고 을은 '신이 존재하지 않는다'고 주장한다고 가정해 보자. 이 때 누가 자신의 주장을 입증해야 하는가? 당연히 증명의 부담은 갑에게 있다고 해야 할 것이다. 즉, 갑은 '신이 존재한다'는 자신의 주장을 을에게 설득력 있게 증명해야 하는 부담을 안게 된다. 그런데 만일 갑이 을에게 '신이 존재하지 않는다'는 것을 증명할 것을 요구한다면 이것은 증명의 부담을 타인에게 전가하는 것으로 잘못이다.

• 증명의 부담이란 어떤 원칙인가?

논증에서 중요한 것은 증명의 부담을 회피하는 소극적 태도가 아니라, 자신의 주장에 대한 합리적 논거를 기꺼이 제시하고자 하는 적극적 자세이다. 증명의 부담을 합리적으로 수용할 경우, 논쟁의 승자는 권위나 완력 또는 목소리 크기에 의해 결정되는 것이 아니고 자신의 주장의 근거를 명확히 제시하는 논리적 추론 능력에 의해 결정되는 것이다. 또한 증명의 부담을 기꺼이 받아들이고자 하는 사람이라면 아무 근거도 없거나 다른 사람들을 설득할 수 없는 허무맹랑한 주장을 펼 생각은 아예 하지 못할 것이다. 따라서 증명의 부담을 수용하는 것은 건전한 토론 문화를 형성하는 기초이며, 이와 같은 논증 훈련을 통해 현대 민주주의의 배경적 토대가 되는 토론 민주주의가 뿌리내리게 될 것이다.

• 증명의 부담을 수용하는 논증 훈련의 효과는?

『생각하는 힘』
저자 – 가톨릭 교육재단 협의회

추론　　전가하다　　수용하다　　완력　　허무맹랑하다

08 철학과 논리

1. 위 글을 요약하십시오.

2. 다음 중 위 글의 흐름을 **잘못** 설명한 것을 고르십시오. (　　)

❶ '논리적 모순'에서 저자의 주장은 마지막 문장에 들어 있다.
❷ '논리적 모순'에서는 여러 가지 예를 비교하여 저자의 주장을 펴고 있다.
❸ '논리적 언어'에서 첫째 단락은 주장의 도입을 위한 예시 단락이다.
❹ '증명의 부담'에서 중요한 개념을 설명한 단락은 둘째 단락이다.

3. 다음 중 표현과 설명이 **잘못** 연결된 것을 고르십시오. (　　)

❶ 창과 방패 –논리적 모순
❷ 동그란 네모 – 논리적 모순
❸ 석가모니의 미소 – 논리적 언어
❹ '신이 존재하지 않는다' – 소극적 주장

4. 위 글에서의 저자의 주장과 **관계없는** 것을 고르십시오. (　　)

❶ 우선 말이 명료하지 않으면 사고가 명료해지지 않는다.
❷ 논리는 우리 생각을 말로 표현하는 기본적인 규칙이다.
❸ 언어는 세계를 분석하고 이해하는 수단이다.
❹ 증명의 부담을 받아들이는 것은 토론 문화를 형성하는 기초가 된다.

5. 위 글의 내용과 같으면 ○, 다르면 ×표시 하십시오.

1) 두 명제가 독립적으로는 성립하지만 동시에는 성립할 수 없는 경우가 있다. ( )

2) 모든 의사소통은 의사를 정확하게 표현하는 언어를 통해 이루어진다. ( )

3) 적극적 주장을 펴는 사람은 자신의 주장을 논리적으로 증명해야 한다. ( )

6. 위 글에서 '석가모니의 연꽃을 든 미소' 이야기를 한 이유는 무엇을 주장하기 위한 것입니까? ( )

❶ 불교에서는 말은 중요하지 않다.

❷ 불교에서는 연꽃이 중요한 의미이다.

❸ 의사소통에는 말이 필요 없는 경우도 있다.

❹ 말보다 행동은 더 중요한 의사소통 방법이다.

7. 저자는 '말은 곧 우리의 생각을 표현하는 것이요 말로 표현할 수 없는 사태라면 그것을 머리로 생각하는 것 자체가 불가능한 것이다.'라고 했습니다. 언어는 우리의 생각을 모두 표현할 수 있습니까? 언어로 표현할 수 없는 생각이 있다면 그것은 어떤 생각입니까?

더 읽어 보기

철학은 어렵다

사람들 중에는 철학을 어려운 용어를 사용해서 사람들의 기를 죽이고 권위를 얻는 말장난이나 사기라고 함부로 말하는 사람이 꽤 있습니다. 그러나 오히려 말장난하는 사람들이 철학을 팔아먹고 있을 뿐, 철학은 말장난이 아닙니다. 철학 용어가 어려운 건 사실이지만, 어디 경제학 용어나 물리학 용어가 쉽습니까? 자동차 정비소에서 소비자에게 쓰는 용어나 의사들이 쓰는 의료 용어는 어떻습니까? 법률 용어는 말할 필요도 없습니다.

물론 어정쩡한 인간들이 말도 안 되는 흰소리를 하고서는 그것이 철학이라고 포장하는 게 우리의 현실입니다. 사이비 학자들뿐만 아니라 갓 노래를 부르기 시작한 가수도 노래 철학을 말하는 세상입니다. 채소 가게 아주머니도, 붕어빵 파는 아저씨도, 이름 난 음식점의 주방장도 자기만의 철학을 말합니다. 그렇다면 철학이 너무 일상적이지 않느냐고 반문해야 합니다.

철학은 없어도 되지만 그냥 폼으로 하는, 옷에 달린 액세서리처럼 대충하는 학문이 아닙니다. 그래서 배부르면 하고 배고프면 버릴 수 있는 학문이 아닙니다. 오히려 배가 고프면 철학하지 않을 수 없는 게 사람입니다. 나는 왜 남들처럼 배불리 먹고살지 못하는가 하는 물음에서부터 철학이 시작될 수 있다는 겁니다. 부자 역시 부자로서 존경받기 위해서는 반드시 철학이 있어야 합니다. 그저 천박하게 '부자 아빠'가 되어서 고개 들고 살아야지 하는 건 철학이 아닙니다.

또 사람들은 철학이 실천적이지 못하다고 하는데, 도대체 실천이 무엇입니까? 동양 철학에서 공자가 인(仁)을 말하면서 남에게 대접받고 싶듯 남을 대접하라고 합니다. 이런 게 실천이 아닙니까? 마르크스는 삶의 철학은 해석의 문제가 아니라 변혁의 문제라고 하면서 사회 혁명을 주장합니다. 이것도 철학입니다. 예수가 사랑의 실천을 이야기하는 거 역시 철학입니다.

철학에 대해서 구시렁대는 사람들치고 제대로 철학책을 읽은 사람은 거의 없습니다. 저는 그런 경우를 이솝우화의 신포도와 여우라고 생각합니다. 자기가 소화하지 못하고 이해하지 못하면서 철학을 허황된 말장난이라고 폄하하는 것입니다. 간단히 말해 지적 콤플렉스의 표현일 뿐입니다. 철학은 지적 콤플렉스를 인정하고, 그러한 콤플렉스의 이유를 찾아가는 학문입니다. 그러한 고민의 길에서 어느덧 지적이고 실천적으로 성숙한 인간을 기대하는 것이 철학입니다.

『철학은 어렵다』
저자 – 김범춘 (철학박사, 서울시립대 · 성균관대 강사)

1. 주변에서 볼 수 있는 '신포도와 여우'의 예를 이야기해 봅시다.

2. 인생은 무엇이라고 생각합니까? 여러분의 삶의 철학을 이야기해 봅시다.

09 경제와 사회

- 여러분 나라의 경우 10년 전과 지금 돈의 가치가 얼마나 달라졌습니까?

- 여러분은 돈이 있으면 무엇에 투자하고 싶습니까?

교양서 읽기 1

왜 인플레이션을 겁내는가

매크로랜드라는 나라 사람들은 내달부터 모든 상품의 가격이 10배씩 뛰어오를 것이라는 심상치 않은 소식을 들었다. 이 소식을 접하고 모든 사람이 당혹스러워하는데 유독 한 경제학자만이 태연한 얼굴을 하고 있었다. 그는 그 소식을 가져온 사람에게 다짐을 하듯 물었다.

"정말로 모든 가격이 정확하게 10배씩 뛰어오른다는 말입니까?"

소식을 가져온 사람이 그렇다고 고개를 끄덕이자 그 경제학자는 혼잣말처럼 중얼거렸다.

"그렇다면 별로 염려할 일이 아니군. 누가 갖고 있든 간에 모든 돈에 0을 하나씩만 더 붙여주면 예전과 전혀 다를 바 없이 경제가 돌아갈 테지."

현재 쌀 한 가마의 가격은 10만 원이고, 운동화 한 켤레의 가격은 2만 원이라고 한다. 한 달에 20만 원의 근로소득을 얻어 쌀 한 가마와 운동화 다섯 켤레를 구입, 소비하던 사람이 있다고 하자. 만약 모든 상품의 가격이 10배로 오른다면 그의 소득도 10배로 따라 오르게 된다. 그의 소득은 노동을 공급한 대가인데, 노동도 상품의 일종이므로 이것의 가격이 10배로 오르면서 그의 소득도 10배로 오를 것이기 때문이다. 이렇게 모든 상품의 가격이 10배로 오름과 동시에 그의 소득도 10배로 오르면 그의 소비 생활에는 아무런 변화도 생기지 않는다. 그의 소득으로 예전처럼 쌀 두 가마와 운동화 다섯 켤레를 살 수 있는 것을 보면 잘 알 수 있는 일이다.

- 소비자의 경우 모든 상품의 가격이 똑같이 오르면 소비생활에 어떤 변화가 있나? 그 이유는?

태연하다　　근로소득

• 생산자의 경우는 어떤 변화가 있나? 그 이유는?

• 메뉴비용이란?

• 인플레이션 때 봉급생활자의 살림이 어려워지는 이유는?

운동화를 생산하는 기업가는 운동화 값이 뛰어올라 판매 수입이 10배로 증가한 것을 보고 잠시 즐거워할지 모른다. 그러나 임금, 임대료, 자재비용 할 것 없이 모두 10배로 늘려 지급해야 하기 때문에 운동화의 생산 비용도 바로 이 비율로 증가한다는 것을 곧 깨닫게 된다. 이렇게 되면 종전에 비해 달라질 것이 전혀 없기 때문에 그의 생산 활동에는 아무런 변화가 일어나지 않는다. 앞에서 본 소비자의 경우와 마찬가지로 생산자 역시 이 가격 상승에서 아무런 영향을 받지 않는 것이다.

지금까지 살펴본 것처럼 모든 상품의 가격이 동일한 비율로 상승할 때 소비자나 생산자 어느 누구도 이에 영향을 받지 않는다. 그 경제학자가 예견한 바대로 경제 전체가 종전과 다름없이 돌아가게 되는 것이다. 만약 모든 가격이 동일한 비율로 상승하기만 한다면, 물가 상승률이 10배가 아니라 100배가 되더라도 우리에게 약간의 불편 이상의 고통은 가져다 주지 않을 것이다. 그 약간의 불편이란 상품의 가격표를 바꿔 다는 데 드는 수고 정도를 뜻한다. 메뉴비용(menu cost)이라고 불리는 이 비용은 우리가 인플레이션 하면 으레 생각하는 엄청난 사회적 비용보다 훨씬 작은 크기에 지나지 않는다.

사람들에게 인플레이션이 왜 문제가 되느냐고 물으면 봉급생활자들의 살림이 어려워지기 때문이라는 대답이 가장 많다. 그러나 이것은 인플레이션 그 자체의 문제가 아니고 가격 상승폭이 일정하지 않았다는 데서 나오는 문제다. 예컨대 다른 상품들의 가격은 모두 10배로 오르는데 봉급만 5배로 올랐기 때문에 봉급생활자의 살림이 어려워지는 문제가 생기는 것이다. 그렇지만 실제로 인플레이션이 진행되는 과정에서 상품마다 가격 상승폭이 천차만별인 경우가 보통이다. 이 점에서 본다면 사람들이 인플레이션을 싫어할 충분한 이유가 있는 셈이다.

만약 앞으로 일어날 인플레이션을 완벽하게 예상할 수 있다면 이로 인해 생기는 문제는 현저히 줄어들 것이다. 사람들이 이에 대해 미리 대비를 해 놓을 수 있기 때문이다.

임금　임대료　자재　예견하다　종전　봉급생활자　천차만별　현저하다 인플레이션이 왜 문제가 되느냐는 질문에 대해 흔히 나오는 또 다른 대답은 돈을 빌려준 사람이 손해를 보고 빌린 사람이 이득을 보는 결과가 생긴다는 것이다. 만약 앞으로 일어날 인플레이션이 완전히 예상될 수 있다면 이런 결과는 생기지 않는다. 두 사람이 돈을 빌려주고 받을 때 더 높은 이자율을 지불하기로 합의할 것이 분명하고, 그렇게 되면 돈을 빌려준 사람이 손해를 볼 이유가 없다.

- 이 단락에서 말하는 인플레이션의 문제점은?

현실적으로 보아 인플레이션을 정확하게 예상한다는 것은 불가능에 가까운 일인데, 예상치 못한 인플레이션은 여러 가지 문제를 일으킨다. 우선 들 수 있는 것은 인플레이션이 뜻하지 않은 소득재분배 효과를 가져올 수 있다는 점이다. 예상치 못한 인플레이션에서는 돈을 빌려준 사람이 손해를 보고 빌린 사람이 이득을 보는 결과가 나타난다. 얼핏 생각해 보면 주로 가난한 사람들이 돈을 빌리는 것 같지만 실제로는 그렇지 않다. 가난한 사람은 고작 몇 백만 원의 빚을 지고 있을 뿐이지만, 기업들은 몇 억, 몇 조원의 빚을 지고 있다. 그렇다면 기업을 소유한 사람들이 예상치 못한 인플레이션의 가장 큰 수혜자가 된다는 결론이 나온다.

- 인플레이션이 가져오는 뜻하지 않은 소득 재분배 효과란?

또한 예상치 못한 인플레이션은 사람들로 하여금 긴 안목에서 앞날에 대한 계획을 세우기 어렵게 만든다. 몇 년 후에 물가가 얼마나 오를지도 모르는 상황에서 몇 십 년 앞을 내다보고 계획을 세우는 개인이나 기업은 극히 드물 것이다. 나아가 예상치 못한 인플레이션은 투기를 부채질하는 부작용을 가져오기도 한다. 앞에서 설명한 것처럼 인플레이션이 진행될 때 가격상승폭이 들쑥날쑥한 것이 보통이므로, 가격이 많이 오를 것이라고 예상되는 상품에 대한 투기바람이 일어날수 있다. 한동안 우리 사회를 휩쓸었던 부동산 투기바람이 그 좋은 예이다.

- 이 단락에서 말하는 인플레이션의 문제점은?

지금까지의 논의를 종합해 보면, 이론상으로는 그렇지 않지만 현실적으로 사람들이 인플레이션을 두려워할 충분한 이유가 있다는 결론이 나온다.

『왜 인플레이션을 겁내는가』
저자 – 이준구 (경제학 박사, 서울대학교 경제학부 교수)

고작　　수혜자　　안목　　들쑥날쑥

1. 위 글을 요약하십시오.

2. 위 글은 흐름 상 크게 두 부분으로 나눌 수 있습니다. 다음 중 가장 적절하게 나눈 것은 어느 것입니까? (　　)

❶ 인플레이션의 원인 / 인플레이션의 결과
❷ 물가 상승의 문제점 / 인플레이션의 피해
❸ 인플레이션의 문제점 / 인플레이션의 해결책
❹ 단순한 물가 상승이 가져오는 경제적 영향 / 실질적인 인플레이션의 문제점

3. 다음 중 나머지 셋과 의미가 다른 것을 하나 고르십시오. (　　)

❶ 근로소득　❷ 임금　❸ 봉급　❹ 임대료

4. 왜 인플레이션이 뜻하지 않은 소득재분배 효과를 가지고 온다고 했습니까?

5. 위 글의 내용과 같으면 ○, 다르면 ×표시 하십시오.

1) 모든 상품의 가격이 동일한 비율로 상승한다면 인플레이션은 그리 큰 문제가 되지 않는다. ( )

2) 인플레이션이 되면 개인 사업가보다는 봉급생활자들의 생활이 더 어렵다. ( )

3) 인플레이션 때 투기에 돈이 많이 몰리면 경기가 빨리 회복된다. ( )

6. 위 글에서 저자가 말하려고 한 것은 무엇입니까? ( )

❶ 인플레이션을 겁낼 필요는 없다.

❷ 인플레이션을 막을 대책을 강구해야 한다.

❸ 인플레이션으로 인한 문제들이 경제를 위협할 수 있다.

❹ 인플레이션으로 인한 물가 상승이 경제 발전에 큰 문제가 된다.

7. 위 글에서 말한 문제점 외에 인플레이션으로 인해 생길 수 있는 문제점으로는 또 무엇이 있을지 생각해 봅시다.

09 경제와 사회

교양서 읽기 2

투자와 투기는 로맨스와 스캔들인가

• 경기 변동과 투기의 관계는?

1930년대 세계대공황의 발발에는 1920년대의 투기 붐이 작용했다고 할 정도로 경기 변동과 투기는 밀접한 관계가 있다. 경제 전체적으로 투기가 극성을 부리는 때가 호황 말기이며, 경제가 불황에 접어들면 그 투기의 거품이 꺼지는 것이다. 때문에 케인스는 1920년대의 미국 경제를 거대한 도박장에 비유한 바 있다. 1980년대 일본도 부동산 가격과 주가가 투기적으로 폭등하더니 그 거품이 꺼지면서 1990년대에 장기 불황에 빠져들었다.

• 튤립 가격이 오른 이유는?

이처럼 나라 경제를 뒤흔드는 투기의 역사는 1630년대 네덜란드의 튤립 투기에서부터 시작됐다. 오늘날 네덜란드를 상징하는 튤립은 원래 척박한 아시아 고원에서 자생하던 것으로 오스만투르크제국 술탄의 정원에서 사랑받는 꽃이 되었다. 그러다 한 상인의 옷감 꾸러미에 실려 유럽으로 건너갔고, 전 네덜란드를 순식간에 사로잡았다. 부와 상류 취향의 상징으로 매력적인 수집품이 된 튤립은 곧 비싼 값에 거래되기 시작했다. 사람들은 정원에 심기 위해서가 아니라 더 비싸게 팔기 위해 튤립을 샀다. 꽃을 감상하는 게 목적이 아니라 구매와 판매 사이에서 발생하는 차익이 목적이었던 것이다. 그리하여 튤립 가격이 폭등해 튤립 뿌리 하나가 백마 두 마리가 모는 마차와 맞먹을 지경에 이르렀다. 그러다 공급이 증가한 튤립 가격이 떨어지면서 '상투를 잡은' 많은 투기꾼을 몰락시켰다.

• 마르크스의 말을 인용한 이유는?

1999-2000년에 미국과 한국이 보여준 IT 관련 주식의 널뛰기 장세도 되풀이되는 역사의 한 모습인 셈이다. 오늘날에는 금융 거래의 비중이 커지고 경제의 글로벌화가 진전되면서 금융적 투기가 크게 증대하고 있다. "역사는

대공황 발발 호황 불황 차익

반복된다. 처음에는 비극으로, 다음에 희극으로"라는 마르크스의 유명한 말이 있는데, 투기의 역사는 두 번만이 아니라 자꾸만 반복되는 듯싶다.

투기의 규모가 이처럼 엄청나게 확대된 오늘날의 경제를 '카지노 경제'라고 비판하기도 한다. 그런가 하면 투기가 시장의 움직임에 도움이 된다는 주장이 있다. 가격변동에 도박을 거는 투기자들이 일반인들의 거래 상대방이 되어 시장의 유동성을 높인다는 것이다. 쉽게 말해 투기자들이 설치지 않으면 부동산 같은 게 잘 팔리겠느냐는 뜻이다. 일면 타당한 구석이 있는 주장이다. 다만 투기를 통한 수요와 공급의 조정은 그 조정 비용이 크다. 1930년대 미국과 1990년대 일본을 보라. 투기가 빚어내는 거품을 시장의 광기(狂氣)라고 하는 것도 이 때문이다.

- 투기의 긍정적인 면을 주장하는 사람들의 근거는?

한편 투자(investment)와 투기(speculation)는 어떻게 다른가? 투자는 어감이 좋고 투기는 어감이 나쁘다. 그래서 로맨스와 스캔들처럼 내가 하면 투자, 남이 하면 투기라는 말도 있다. 보유기간이 길면 투자, 짧으면 투기로 나누는 수도 있다. 수반되는 위험이 작고 예상이 가능하면 투자, 크고 예상이 불가능하면 투기라는 구분도 있다. 그러나 이런 구분은 자의적이다.

- 무엇에 대한 이야기인가?

투자는 '플러스섬 게임(plus-sum game)', 투기는 '제로섬 게임(zero-sum game)'이다. 투자는 예컨대 공장을 지어 생산을 늘려 부가가치가 발생함으로써 이윤을 분배받는 것처럼 참가자 전체의 몫이 늘어나는 경우다. 반면에 투기는 참가자 가운데 어떤 사람이 이익을 보면 다른 사람은 반드시 손해를 보는 경우다.

- 투자와 투기의 근본적인 차이는?

물론 현실에서 투자와 투기는 칼로 자르듯 명확하게 구분할 수 없다. 주식을 사고팔면서 번 차익은 기업이윤이 증가한 덕분인 부분 즉 투자수익과 다른 사람이 어리석게 주식을 거래한 데 따른 부분 즉 투기수익을 합친 것이다. 상인의 수익도 보관이나 운송에 따른 투자수익 부분에 매점매석에 따른 투기적 부분이 합쳐질 수 있다.

- 현실에서 투자와 투기를 명확하게 구분할 수 없는 이유는?

투기 거래가 성립하는 것은 참가자들이 미래에 대해 서로 다른 예측을 하기 때문이다. 어떤 사람은 튤립 값이 더 오를 것으로 생각하고 어떤 사람은 튤립 값이 떨어질 것으로 생각하므로 튤립을 서로 사고판다. 이들은

- 투기 거래가 성립하는 이유는?

유동성　　설치다　　어감　　자의적　　매점매석

• 사람들이 군중심리를 따라 행동하는 이유는?

• 투자 과열이 생기는 원인은?

입수한 정보가 다르고, 정보를 해석하는 방식도 달라서 서로 다른 예상을 한다.

때로는 군중심리에 따른 행동이 투기를 조장하기도 한다. 사람들이 흔히 베스트셀러로 알려진 책을 사고, 식당을 가더라도 손님이 많은 식당을 찾는 행위가 군중심리에 따른 행동의 예다. 이는 의사 결정을 할 때 타인의 평가를 신뢰하고 추종하는 형태로 각자가 스스로 결정하는 데 필요한 정보나 판단력이 부족한 경우에 나타난다. 이른바 '쏠림' 현상이다. 경제에서 투기 붐이 조성되는 데도 이런 군중심리가 어느 정도 영향을 미치고 이것이 어느 순간 뒤바뀌면서 거품이 꺼지는 셈이다.

그렇다고 경기순환을 전적으로 심리의 변화로만 설명할 수는 없다. 이윤을 경쟁적으로 극대화하려는 자본의 논리가 기본적으로 작용한다. 다른 기업들이 투자를 늘리는데 혼자만 가만있으면 경쟁에 뒤처진다는 생각에 무리하게 투자를 늘리다 보니 투자과열로 기업의 수익성이 악화된다. 그러면 돈이 생산적 투자보다는 부동산과 같은 쪽으로 몰린다. 투자과열과 투기과열이 겹치는 것이다. 로맨스인 듯싶다가 스캔들이 되는 것이라 할까. 이게 거품의 발생과 파멸을 초래하는 셈이다.

『투자와 투기는 로맨스와 스캔들인가』
저자 – 김기원 (경제학 박사, 한국방송통신대학교 경제학과 교수)

군중심리 조장하다 쏠리다 파멸

1. 위 글을 요약하십시오.

2. 위 글의 흐름을 가장 잘 설명한 것은 무엇입니까? (   )

❶ 적절한 예를 제시하며 주요 개념을 설명해 나갔다.
❷ 중심 주장을 말한 후 적절한 예를 들어 논의를 전개했다.
❸ 비교 대상의 장단점을 하나하나 나열해 가면서 논의를 전개했다.
❹ 객관적인 사실을 중심으로 논의를 전개하다가 결론에 저자의 주장을 나타냈다.

3. 다음 중 **잘못** 연결된 것을 고르십시오. (   )

❶ 널뛰기 장세 – 주식 시장에서 주가가 오르고 내리는 것의 변화가 심함을 비유
❷ 카지노 경제 – 경제에서 투기의 규모가 지나치게 커짐을 비유
❸ 플러스섬 게임 – 이윤의 총액이 늘어 모두 이익을 보는 것이 가능함을 비유
❹ 제로섬 게임 – 투기로 인해 모두 이익이 제로가 되었음을 비유

4. 아래에서 각각 투자와 투기에 해당하는 내용의 번호를 찾아 쓰십시오.

❶ 군중 심리에 따라 행동한다.
❷ 수반되는 위험이 작고 예상이 가능하다.
❸ 보유 기간이 길다.
❹ 매점매석으로 수익을 낸다.
❺ 누군가가 이익을 보면 반드시 손해를 보는 사람이 생긴다.

1) 투자 :

2) 투기 :

5. 위 글의 내용과 같으면 ○, 다르면 ×표시 하십시오.

1) 경기가 불황일 때 사람들은 투기를 많이 하게 된다. ( )

2) 투기가 경제를 활성화 시키는 데에 도움을 주기도 한다는 주장이 있다. ( )

3) 투자를 많이 하면 할수록 기업의 수익성은 증가하므로 많이 할수록 좋다. ( )

6. 위 글에서 저자가 말하려고 하는 것은 무엇입니까? ( )

❶ 투자와 투기를 구별해서 사용해야 한다.

❷ 기업들은 순수한 투자 수익을 얻으려고 노력해야 한다.

❸ 오늘날의 경제는 투기가 과열되어 있는 것이 문제이다.

❹ 투자이건 투기이건 지나치게 과열되면 경제 문제가 생기게 된다.

7. 위 글에서 저자가 투자와 투기를 왜 로맨스와 스캔들에 비유했다고 생각합니까?

더 읽어 보기

거품을 좇는 사람들

이사 간 가정을 방문할 때 흔히 세제를 가지고 간다. 이는 새 집에서 이루어지는 모든 일이 거품처럼 부풀어 오르라는 의미에서이다. 세제가 널리 유통되지 않았던 때에는 불처럼 활활 타오르라는 뜻에서 성냥이나 촛불을 선물했다고 한다. 재산이 거품처럼 불어나고, 타오르는 불처럼 빠르게 늘어난다면 세상 살기가 얼마나 쉽겠는가.

이유는 가지각색이지만 대부분의 사람들은 돈을 좋아한다. 그래서 많은 가람들이 쉽게 돈의 유혹에 빠지고, 그 환상의 늪에서 빠져나오지 못한다. 당첨 가능성이 극히 낮은 복권을 사며 즐거워하고, 위험성이 높은 주식에 기대를 걸어보며, 높은 사채 이자의 매력을 외면하지 못한다. 거품이 사라지면 드러날 실체의 왜소함을 까맣게 잊어버리는 경우가 너무나 많다. 그러나 불행히도 거품은 일시적이고, 남아 있는 실체는 영원하다.

경제학에서는 거품(bubble)을 '자산 가치가 가본 가치(fundamental value)를 벗어나 급등하는 현상'이라고 정의한다. 즉, 주식이나 상품, 부동산, 채권 등의 가격이 투기적인 수요로 인하여 일시에 급격히 상승하는 현상이다. 거품보다 약한 가격 상승 현상은 흔히 붐(boom)이라고 한다. 물론 거품은 실수요자에 의해서 발생되는 것이 아니라, 미래의 기대 수익을 찾는 투기적 수요가 뒷받침되어 생겨난다. 투기적 수요가 영원히 발생한다면 아무도 거품을 걱정하지 않는다. 그러나 언젠가 투기적 수요는 사라지고, 급등한 자산 가치는 하루아침에 폭락하여 금융위기를 불러오게 된다.

만약 모든 사람들이 완전한 정보를 갖고 동일한 원칙 하에서 합리적인 의사결정을 내린다면 거품은 생겨나지 않을 것이다. 그러나 현실적으로 정보는 불확실하고, 사람들은 서로 다른 목적을 갖고, 투자 기간도 제각각이다. 또한 투기에 배팅할 수 있는 자신의 규모도 모두 다르다. 그래서 처음 붐을 일으킨 약삭빠른 투자자는 적당한 시기에 엄청난 수익을 얻고 빠져나오지만, 대다수의 소시민들의 막차를 타서 손실을 보는 것이다.

경제학에서는 돈을 좋아하는 사람들의 본성(?) 때문에 정보가 완벽한 상태에서도 거품이 완전히 사라지기 어렵다고 본다. 실제로 거품 현상은 시간과 공간을 뛰어넘어 각국의 경제를 교란시켜왔다. 1600년대 중반에는 네덜란드에서 튤립 열풍이 불었고, 1720년대 프랑스는 미시시피 거품, 영국은 1840년대 철도 거품으로 시달렸다. 미국도 1920년대 초 주식 가격의 폭락을 겪었고, 1982년에도 금값이 온스 당 850달러에서 350달러로 폭락하는 홍역을 치렀다.

09 경제와 사회

미국에는 버블로 새로운 금융 용어까지 만들어낸 사람도 있다. 1920년대 카를로 폰지(C. Ponzi)는 플로리다의 개발 붐을 악용하여 허황된 주택 투자로 많은 사람을 모았다. 택지 값의 10퍼센트만 있으면 건축비는 은행이 빌려주었고, 불과 몇 주 사이에 땅값이 두 배로 뛰는 분위기도 조성되었다. 높은 이익 보장에 넋이 나간 수많은 사람들이 몰려들었다. 앞서 투자한 사람에게 다음 투자자의 자금으로 높은 이익을 보상해주는 폰지의 묘안은 한동안 성공을 거두었다. 높은 수익에 대한 소문으로 투자는 끝없이 늘어났다. 이 과정이 무한히 지속되었다면 얼마나 좋았을까. 3년이 지난 후 새 집은 온데 간데 없었고, 10억 달러의 투자 원금은 1,400만 달러만 남긴 채 폰지는 무일푼으로 감옥에서 사라졌다. 그 후로 수익보다도 이자가 더 많은 버블을 좇는 형태를 '폰지 게임'이라고 부른다.

이익은 생기지 않는데 어디서 이자가 나오겠는가. 그래도 사람들은 그 버블을 믿고 싶어한다. 돈의 묘약에서 깨어나지 못하고 있는 것이다. 한때 등장했던 벤처와 코스닥에 대한 열풍, 인터넷으로 이루어지는 '묻지 마 투자'도 자칫 넘어서는 안 될 선을 뛰어넘는 경우가 많았다. 거품이 사라지면 나무 뒤에 숨은 사람들의 피해가 큰 경우가 많다. 붐이 버블로 바뀌는 순간은 항상 거품에 가려져 있기 때문이다. 아, 나도 모르게 거품 속에서 거품을 좇고 있지는 않는가.

『거품을 좇는 사람들』
저자 – 정갑영 (경제학 박사, 연세대학교 경제학과 교수)

1. 여러분 나라에서 한때 붐을 이루었다가 거품으로 끝나버린 사례가 있으면 이야기해 봅시다.

2. 거품 경제가 가져 오는 피해로는 어떤 것이 있을지 이야기해 봅시다.

10 언어 공동체와 세계문학

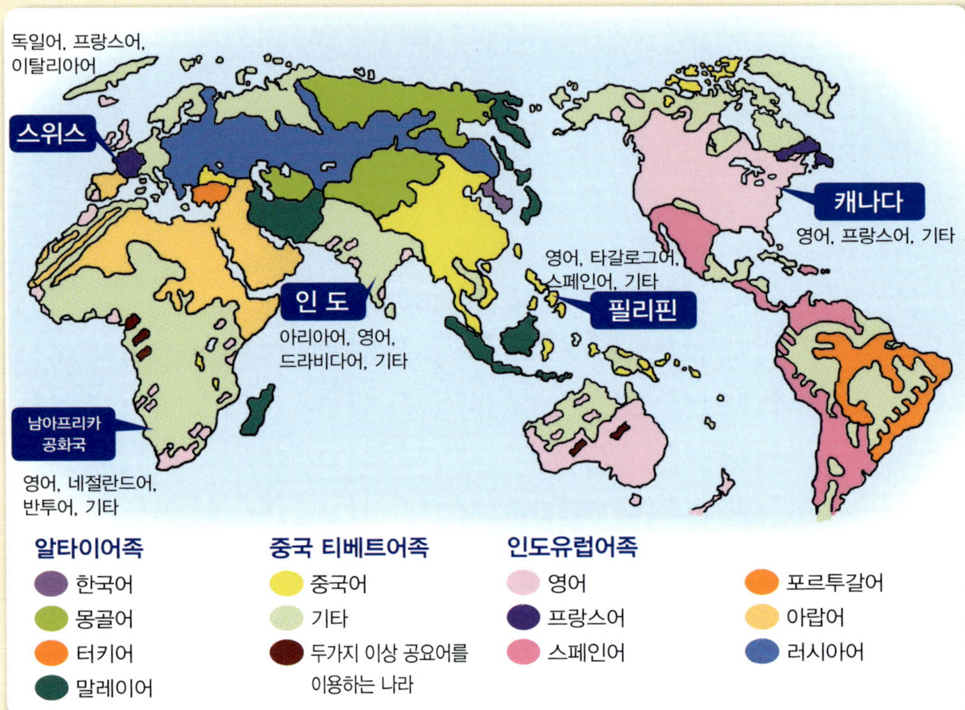

○ 여러분 나라에는 세계적으로 인정을 받은 문학 작품이 있습니까?

○ 여러분 나라의 문학 작품이 세계적인 인정을 받으려면 어떤 것이 필요할까요?

교양서 읽기 1

언어 공동체와 세계문학 (1)

Ⅰ. 언어공동체와 민족

• 한국문학이란?

한국문학에 대한 가장 일반적인 정의가 있다. "한국어로 씌어진 한국인의 정서를 담고 있는 문학"이라는 것이 그것이다. 이 정의는 세 가지 조건으로 이루어져 있다. '한국어', '한국인', '한국인의 정서'. 이 중 첫 번째 조건은 가장 논란이 많았던 항목이다. 왜냐하면 이 조건은 매우 풍부한, 한반도에서 생산된 한자어(漢字語) 문학의 존재 근거를 위태롭게 만들기 때문이다. 그러나 근대 이후의 문학에 한해서는 위 정의가 별 이의 없이 광범위하게 받아들여져 왔다. 그렇게 된 데에는 한국의 문학이 자국어 문학의 틀 내에서 성공적으로 정착하게 된 사정이 있다.

• 해방과 더불어 한글이 한국인의 공용 문자로 자리 잡았던 이유는?

한글이 '창제'된 것은 1443년이지만, 한국인의 공용문자로 지정된 것은 1894년이었다. 그러나 곧바로 한반도가 일본 제국주의의 지배를 받게 됨으로써, 한국어는 일본어와 경쟁관계에 놓이게 된다. 일제강점기 36년은 공적 차원에서는 한국어의 공용성이 점차로 사라져가는 과정이었으나, 그러나 민간 차원에서는 한국어는 급속도로 성장해 한편으론 주시경 선생을 비롯한 한글학자들의 노력으로 '맞춤법통일안'을 세우게 되었으며, 다른 한편으로 조선인의 한글 해득률을 비약적으로 높이는 과정이 되

정의 논란 위태롭다 정착 창제 강점 해득 비약

었다. 따라서 해방과 더불어 한글은 자연스럽게 한국인의 공용문자로 자리 잡을 수가 있었던 것이다.

그리고 많은 문학청년들이 일본어를 버리고 한국어로 창작하기 위해 한글을 다시 배우기 시작했다. 장용학과 김수영으로 대표되는 그 불행한 세대가 잠깐 있었다. 그러나 곧바로 한글을 생활어이자 지식의 언어로 사용하는 세대, 즉 한글로 사유하고 한글로 꿈을 꾸고 한글로 자신을 표현하고 한글로 교류를 하는 세대가 뒤이어 나타났으며 그 이후 한글은 공용문자로서의 위상을 확고히 굳혀 나갔다.

• 한국문학이 '한국어로 된' 문학일 수 있는 이유는?

한국문학의 발달은 이렇게 한국어가 뿌리내리는 과정에 힘입은 바가 크다. 그렇기 때문에 '한국어로 된'이라는 조건이 한국문학의 정의에 필수항목으로 들어가는 게 자연스럽게 받아들여질 수 있었다. 이로써 언어공동체와 문학공동체는 하나가 되었다. 한국문학은 한국어 공동체의 문학이 되었고, 한국어 공동체는 한반도에 살고 있거나 살았던 사람들의 공동체로 한정됨으로써, 한국문학과 민족문학은 동일한 것으로 이해되었다.

Ⅱ. 세계문학의 출현

• 불어불문학과에서 프랑스 문학만을 강의했던 이유는?

대부분의 문학 역시 우리와 같은 경로를 밟아 민족 단위로 이해된다. 우리가 세계문학을 분류할 때, 불문학, 영문학, 독문학 등으로 언어 단위로 구별하는 것 역시 '언어공동체=민족'이라는 등식에 근거한다. 그렇기 때문에 가령 '불어불문학과'에서 프랑스 문학이 핵심 과목이 되고, 벨기에나 캐나다 등 같은 프랑스어를 사용하지만 타민족(혹은 타민족이 된) 공동체의 문학에 대해서는 강의 개설 자체가 거의 이루어지지 않았던 것이다.

그러나 언어 공동체와 민족은 동일시될 수가 없다. 방금 말한 바와 같이 프랑스어문학에는 프랑스의 문학만이 있는 것이 아니라, 벨기에의 문

경로　　등식

학도, 캐나다의 문학도 있다. 이 주변국의 문학은 중심국의 그늘에 갇혀서 거의 그 존재가 인지되지조차 않는다. 그러나 그들이 그늘을 벗어나 과감히 중심국의 문학에 도전하는 때가 오기도 한다. 아일랜드(에이레 공화국)의 문학은 대표적인 사례이다. 아일랜드는 오랫동안 영국의 식민지였으며 그로 인해 많은 고난과 고통을 당했다. 아일랜드의 문학은 고난과 고통의 역사적 경험 속에서 꽃 피었다. 예이츠(William Butler Yeats), 조이스(James Joyce), 베케트(Samuel Beckett)의 문학은 그렇게 해서 태어났다. 그런데 아일랜드 문학의 언어는 그들을 점령했던 영국과 동일하였다. 그 동일성을 토대로 해서, 영국 작가, 시인이 아니라 아일랜드 작가, 시인이 영미문학의 대표적 작가, 시인으로 인정받는 사건이 벌어졌다. 위 세 사람이 '노벨상' 수상으로 세계적인 인정을 받은 것은 모두가 아는 사실이다. 그리고 21세기가 시작될 때 '뉴욕 타임즈'에서 20세기를 대표하는 가장 위대한 작가에 대한 독자 설문조사를 했을 때, 많은 사람들이 예감했듯이, 제임스 조이스가 압도적으로 1위에 들었다. 더블린 시민의 문학이 20세기 영어권 문학을 대표하게 된 것이다.

• 주변국의 문학이 중심국의 문학에 도전한 대표적인 사례는?

이때부터, 더 이상 '언어공동체의 문학=민족문학'의 등식은 성립하지 않게 된다. 영어권 문학은 영국문학도 아일랜드의 문학도 아니기 때문이다. 또한 이로부터 '세계문학'의 개념이 나타나기 시작한다. 영국문학과 아일랜드를 포괄하는 영어권 문학, 그것은 국경을 넘어 영어를 매체로 사용하는 모든 언어공동체의 문학을 끌어당기기 때문이다. 그래서 나이지리아의 문학도, 필리핀의 문학도 영어권 문학 속에 포함된다. 프랑스어 문학 역시 서유럽의 핵심에 자리한 육각형의 나라를 넘어, 벨기에의 문학, 말리의 문학, 코트 디 브와르 문학, 베트남 문학까지 포괄한다. 스페인어 문학의 경우는 더 말할 나위가 없다. 스페인어 상용자는 스페인보다 라틴 아메리카에 더 많으며, 라틴 아메리카에서 태어난 작가, 시인들이 실질적으로 20세기 후반기의 세계문학을 장악했기 때문이다. 따라서 오랫동안 확실한 사실처럼 받아들여진 '민족단위로서의 문학'은 거의 쓸모없는 것이 된 실정이다.

• '세계문학'의 개념은 어떻게 생겨났는가?

그늘　　식민지　　점령　　동일성　　압도적　　포괄

10 언어 공동체와 세계문학

1. 위 글을 요약하십시오.

2. 위 글의 구조를 맞게 설명한 것을 고르십시오. (　　)

❶ 민족문학 형성 과정(Ⅰ)과 세계문학 형성 과정(Ⅱ)의 차이점을 보여주었다.
❷ 문학에 대한 고정관념(Ⅰ)을 근거로 세계문학 출현의 어려움(Ⅱ)을 입증하였다.
❸ 민족 단위의 문학 개념(Ⅰ)이 어떻게 세계문학으로 확장되었는가(Ⅱ)를 예증하였다.
❹ 한국문학 형성 과정(Ⅰ)을 예시하며 세계문학 형성 과정(Ⅱ) 간 유사성을 설명하였다.

3. 위 글에서 말한 세계문학에 대한 설명으로 맞는 것은 무엇입니까? (　　)

❶ 민족 공동체의 문학과 동일시할 수 있다.
❷ 프랑스 문학으로부터 '세계문학' 개념이 싹텄다.
❸ 같은 언어를 사용하는 공동체를 기반으로 한다.
❹ 중심국의 문학이 주변국의 문학을 점령한 것이다.

4. 다음 중 한국문학에 대한 정의에서 가장 논란이 많았던 것은 무엇입니까? (　　)

❶ 한국인이 썼다.
❷ 한국어로 쓰여졌다.
❸ 한반도에서 창작되었다.
❹ 한국인의 정서를 담았다.

5. 위 글의 내용과 같으면 ○, 다르면 ×표시 하십시오.

1) 한글은 해방 이후 처음으로 공용 문자로 지정되었다. ( )
2) 20세기 이후에 언어공동체의 문학과 민족문학은 동일시되기 시작한다. ( )
3) 한국문학의 발달은 한국어가 공용문자로서 정착해가는 과정과 맞물려 있다 ( )

6. 위 글에 이어서 저자가 말하려고 하는 것은 무엇이겠습니까? ( )

❶ 민족문학을 벗어난 세계문학의 등장
❷ 주변국에 의한 중심국 문학에 대한 도전
❸ 언어공동체의 문학과 민족문학의 다른 점
❹ 세계문학에 대한 세계주의의 긍정적 영향

7. '뉴욕 타임즈'는 20세기를 대표하는 가장 위대한 작가로 아일랜드의 제임스 조이스를 선정하였습니다. 여러분 나라에서 '20세기를 대표하는 가장 위대한 작가'를 꼽는다면 누구를 뽑을 수 있습니까? 왜 그렇게 생각하는지 근거를 들어서 설명해 봅시다.

10 언어 공동체와 세계문학

교양서 읽기 2

언어 공동체와 세계문학 (2)

• 세계화란?

Ⅲ. 세계화는 단일화인가, 다양성의 개화인가?

세계화는 국경의 붕괴와 인간 활동의 지구 단위 단일 네트워크의 형성이라고 정의할 수 있다. 이 세계화는 일찍이 15세기의 대항해시대부터 시작되었으나 삶의 전 영역에 영향을 미치기 시작한 것은 20세기 말부터라고 보아야 한다. 이때부터 산업과 무역의 경제적 차원에서뿐만 아니라, 음향·영상문화, 생활, 정보, 학술 등 삶의 모든 분야에서 지구 단위의 교류가 이루어졌다.

• 세계화가 문화에 끼친 부정적인 영향은?

이 세계화는 한편으로 다양하고 이질적인 문화들의 상호 교류를 촉진시키는 기능을 하였다. 그러나 다른 한편으로 특정한 지배적인 문화가 세계 전체에 확산됨으로써 다른 문화들의 생존 가능성을 위협하는 사태를 초래하였다. '디스코'와 '헐리우드'로 대표되는 미국식 대중음악과 영화가 전 지구적으로 확산되어가면서 각 지역의 독자적인 음악과 영화가 붕괴하게 된 것이 시발점이었다면, 이제 경제 운용 시스템, 교육 제도 등 공공부문의 제도로부터 생활습관, 여가, 미용 등의 사적 부문에 이르기까지 미국적인 방식과 체제가 세계인의 삶을 거의 장악하게 되었다.

• 세계화가 언어에 미친 부정적 영향은?

그리고 세계화는 언어의 차원에서 힘 있는 언어들을 출현시켰으며, 더 나아가 하나의 세계어를 성립시켰다. 현재 지구상에는 약 6,000개의 언어가 존재한다고 추정되고 있는데, 이 중 90%는 사라질 위험에 처해 있다. 소수어가 사라지고 나면 힘 센 언어가 세계 인구를 나누어 가질 것이고, 이것은 언어를 매체로 하는 문학의 세계적 분할에 곧바로 영향을 미친다.

개화 항해 붕괴 장악 출현

Ⅳ. 세계문학의 난관

"러시아인들은 러시아어로 쓰고, 프랑스인들은 불어로 쓴다. 그런데 아프리카인들은 외국어로 쓴다." 이 말은 2003년 노벨문학상을 수상한 남아프리카의 소설가 존 쿳시(John Coetzee)의 말이다. 아프리카의 작가들에게 이 말만큼 실감을 주는 것도 없을 것이다. 오랜 세월을 서양의 식민지 지배를 받아 온 아프리카인들은 20세기 들어서 매우 격렬한 투쟁을 통해서 독립을 하게 되었다. 그 투쟁의 과정 동안 그들은 검은 피부의 생각하는 짐승이 또 하나의 인간임을 입증했으며, 그 입증을 위해서는 검은 피부 위를 뒤덮고 있던 '흰 가면'을 걷어내는 작업이 무엇보다도 중요한 일임을 깨달았다. 요컨대 일방적으로 강요되어 온 백인적 관점, 서양적 생활 방식, 서양적 제도들을 물리치고 아프리카인들에게 어울리는 새로운 관점, 생활 방식, 제도들을 만들어야 한다고 생각했던 것이다. 그 과정 속에서 스와힐리어(Swahili), 마그레브어(Maghrebi) 등이 표준 문자가 되었다.

- 아프리카인이 독립 투쟁 과정에서 깨달게 된 생각은?

그러나 아프리카 작가들은 그 언어 앞에서 갈등하였다. 왜냐하면 이 자랑스런 아프리카인들의 공용문자를 실제로 읽고 쓸 줄 아는 아프리카인들은 매우 드물었기 때문이다. 극심한 문맹율은 공용표준문자의 존재 자체를 부정하고 있었다. 게다가 아프리카의 경제적 빈곤은 아프리카 대륙의 사람들에게 문화를 누릴 기회를 박탈하고 있었다. 그리고 독립국이 된 아프리카의 여러 나라들은 민주공화국이 되는 데는 성공하지 못했다. 아프리카의 독립만이 중요시되면서 정치적 탄압과 자유의 박탈은 용인되었다. 검열, 문맹, 가난 등의 장벽은 결국 아프리카 소설가들을 그들 민족의 공용문자 대신 구 식민국의 언어를 선택하게 한다. 튀니지 태생의 소설가 알베르 멤미(Albert Memmi)는 1996년 이미 이렇게 진술한 바 있다. "올해에 비교적 수준이 높은 작품 15편이 알제리의 작가들에 의해 씌어졌다. 그런데 그 전부가 파리에서 출판되었다. 알제리의 서점에는 거의 전시조차 되지 않았다." 물론 파리에서 출판된 소설들은 모두 프랑스어로 씌어진 것들이다.

- 아프리카 소설가가 구 식민국의 언어를 선택하는 이유는?

그렇다면 그들은 민족에게 등 돌린 사람들이 되고 만 것인가? 실제로

문맹율 박탈 용인 검열

10 언어 공동체와 세계문학

• 알제리의 학교가 이중언어주의를 채택한 이유는?

그런 비난들이 있다. 작가들 사이에도 격렬한 논쟁이 오고 갔다. 그러나 한 가지 확실한 것은 그것이 그들에게 절박한 생존의 문제였다는 것이다. 그리고 이것은 사실 작가들만의 문제가 아니었다. 아프리카 독립국의 정부 당국도 아프리카의 자율성을 고집하는 태도가 아프리카의 폐쇄성을 초래한다는 것을 알고 있는 실정이다. 아프리카 독립운동사에서 서방에 대해 가장 호전적이었으며 독립국의 지위를 누리며 살고 있는, 오늘날 아프리카의 탈유럽화 운동의 선봉에 서 있는 알제리가 이중언어주의를 채택한 것은 그 사정을 그대로 전달한다. 알제리의 교육부 장관은 이렇게 말한다. "알제리의 학교는 이중언어주의를 채택하고 있다. 우리에게 중요한 것은 상황적 이중언어주의, 즉 나라에 도움이 되는 이중언어주의이다." '나라에 도움이 되는'이란 무슨 뜻인가? 그것은 테크놀로지 분야에는 부족어가 도움이 되지 않으니 영어나 불어로 가르쳐야 한다는 뜻이다.

『언어 공동체와 세계문학』
저자 – 정과리 (불어불문학 박사, 연세대학교 국어국문학과 교수)

비난 절박하다 실정 호전적 부족어

1. 위 글을 요약하십시오.

2. 위 글의 구조를 맞게 설명한 것을 고르십시오. ( )

❶ 세계화로 인한 언어의 단일화(Ⅲ)가 아프리카 문학에 미친 영향(Ⅳ)을 예시하였다.
❷ 세계화로 인한 국경의 붕괴(Ⅲ)를 근거로 세계문학의 밝은 전망(Ⅳ)을 제시하였다.
❸ 세계화로 인한 다양성(Ⅲ)이 주변국 문학의 개화에 미친 영향(Ⅳ)을 설명하였다.
❹ 세계화로 인한 획일성(Ⅲ)이 알제리 문학과 교육정책에 끼친 영향(Ⅳ)을 논증하였다.

3. 다음 중 'Ⅳ. 세계문학의 난관' 첫 번째 단락에서 말한 '흰 가면'에 해당하지 **않는** 것은 무엇입니까? ( )

❶ 백인의 피부
❷ 백인적 관점
❸ 서양적 제도
❹ 서구적 생활 방식

4. 아프리카의 작가들이 외국어로 문학 작품을 쓰는 이유는 무엇입니까? ( )

❶ 탈유럽화 운동을 통해 정신적으로 독립하기 위해서
❷ 아프리카인에게 어울리는 새로운 관점을 만들기 위해서
❸ 자국의 검열을 피하고 폭넓은 독자층을 확보하기 위해서
❹ 민족을 떠나 언어 공동체의 보편적 관심사를 다루기 위해서

5. 위 글의 내용과 같으면 ○, 다르면 ×표시 하십시오.

1) 산업과 무역 등 경제적 차원의 세계화는 15세기부터 시작되었다. ( )

2) 세계화의 영향으로 공공 제도에서 일상생활까지 거의 모든 세계인의 삶이 미국의 영향 아래 놓여 있다. ( )

3) 세계화의 결과 세계어가 출현함으로써 세계문학의 토대가 마련되었다. ( )

4) 아프리카 작가들이 프랑스어로 작품을 쓰는 것은 그들의 생존과 직결된 문제이다. ( )

6. 저자는 세계화를 단일화로 봅니까? 아니면 다양성의 개화로 봅니까? 그러한 견해가 드러나는 부분을 찾으십시오.

7. 아프리카 소설가들이 구 식민국의 언어를 써서 문학 창작을 하는 것에 대해서 어떻게 생각합니까? 왜 그렇게 생각하는지 근거를 들어 이야기해 봅시다.

더 읽어 보기

한국문학과 세계문학

20세기에 한국문학이 독자적인 문학으로 발전할 수 있게 해 주었던 자국어의 울타리는, 세계화의 국면에 접어들면서 이제 한국문학의 생장에 장애물로 변하고 있다. 한국문학이 자국어의 울타리에 보호되어 잘 생장해 온 행복한 역사의 이면에 한국문학의 망각 혹은 몰락을 현실화하는 조건이 동시에 발달해 온 것이다. 이러한 위험을 어떻게 극복할 것인가? 너무나 어려운 문제이지만, 한국인이 돌파해 나갈 수밖에 없는 문제이기도 하다. 아마도 다음과 같은 방책들이 고려될 수 있을 것이다. 그리고 이 방책들은 한국의 물리적 조건에 비추어 보면, 선택적이라기보다 동시병발적으로 진행되어야만 한다.

첫째, 가장 뚜렷이 보이는 길은 '번역'의 길이다. 한국문학이 언어의 독자 체제를 유지하면서도 세계문학의 공간 내에 자신을 진입시키려면 외재적 소통장치를 가질 수밖에 없는데, 그것이 바로 번역이다. 그런데 번역은 인위적 소통장치인 것만큼 품이 많이 드는 것이다. 우선, 번역될 외국어를 자유롭게 쓸 수 있는 한국인 번역자가 양성되어야 한다. 그러나 그것만으론 부족하다. 한국문학이 품고 있는 세계가 번역될 국가의 독자들에게 자연스럽게 읽히기 위해서는, 한국어를 알면서 동시에 자기 문화에 대한 깊은 이해를 갖추고 있어서, 한국문학이 품고 있는 세계를 실감 있게 전달할 수 있는 응용력을 갖춘 해당 외국어 공동체의 내부인이 있어야 한다. 그러나 그 사람은 한국어를 읽고 쓸 수 있다 하더라도 한국문학의 맥락과 한국인의 역사적 경험 그리고 문화를 충분히 이해하고 있을 가능성은 상대적으로 적다. 따라서 한국문학과 외국의 독자들이 제대로 소통하기 위해서는 한국인 번역자와 외국인 번역자가 함께 작업해서 번역이 이루어지는 게 바람직하다.

두 번째 방책은, 한국의 언어 공간 내에서 한국어와 세계어를 공존시키는 것이다. 그러나 한국인이 한국어를 포기하고 세계어를 선택한다는 건 현실적으로나 당위적으로나 불가능하다. 한국어가 지배 언어들의 과점 속에서 이렇게 살아남은 것이 신비라면, 우리에게는 이 신비를 지키기 위해 사투를 벌여야할 책무가 주어진다. 그러나 그렇다고 해서 한국어 안에 머무는 것은 한국어 공동체의 경계 안에 자신의 언어문화를 가두는 우를 범하는 것과 같다. 중요한 것은 세계어가 실질적으로 출현해 있다는 것이고, 한국어는 세계어의 대열에 들어갈 가능성이 거의 없다는 것이며, 따라서 우리는 불가피하게 언어의 두 층위를 솔직하게 인정하고 그 둘을 함께 공존시킬 길을 찾아야 한다는 것이다. 아마 누군가 물으리라. 두 언어의 공존이 한국어로 씌어질 한국문학의 세계화에 무슨 역할을 할 수 있는가? 그렇다. 그 여부를 단박에 파악할 수는 없다. 그러나 한국의 언어장 안에서 세계어와 모국어가 공존하는 일이 지속된다면, 그것은 두 언어 사이의 중력과 길항을 통해 차츰 그 각자를 상대방에 대해 호환 가능한 구조로 진화시켜 나갈 것이다. 그것이 한국어를 더욱 가꾸면서도 세계어의 환경 속에서 한국문학이 자유롭게 유통될 수 있도록 할 수 있는 가장 실질적인 일이다.

첫 번째와 두 번째 방책이 외향적인 것이라면, 마지막 세 번째 방책은 내향적인 것이다. 즉 한국문학장 자체의 내실화를 한층 더 강화해야 한다는 것이다. 그 요구는 두 가지 방향에서 검토될 수 있다. 하나는 글쓰기의 방향. 즉 현재 생산되고 있는 한국문학의 수준이 세계적 규모의 문화장 내에서 질적 가치를 인정받을 수 있도록 더 유연해지고 치밀해지고 실존적이어야 한다. 한국의 소설들이 가장 이상적인 상태로 번역된다고 가정할 경우, 그것들은 세계의 독자들이 기꺼이 음미할 수 있을 만큼의 수준을 갖추고 있다고 말할 수 있는가? 많은 한국의 작가와 관계자들은 그에 대해 얼마간의 환상을 가지고 있다. 그 환상이 해마다 10월이 되면 이상한 해프닝들을 발생시킨다. 그러나 정말 그러한가? 우리는 아직 충분한 정보를 갖고 있지 못하다. 그것은 무엇보다도 한국의 고급 독자들, 즉 평론가들의 작품 이해가 정밀하지 못하다는 데에서 기인한다. 문학 작품의 구조와 미적 성질과 그 효과를 정치하게 분석해내는 평론을 보기란 정말 조갈 나는 일인 것이다. 그에 비해, 텍스트의 문자적인 뜻도 제대로 파악하지 못한 채로 유행하는 개념들을 화려하게 나열하는 평론들은 얼마나 많은가? 다른 하나의 방향은, 글읽기의 방향. 즉 한국의 독서 문화가 더욱 두꺼워져야 한다는 것이다. 중국문학과 일본문학은 자국문학을 있는 그대로 가꾸는 데 전념을 하며, 소위 세계화에 대해 특별히 안달하지 않는다. 그런데도 한국문학과는 비교할 수 없을 만큼 이미 세계문학의 위상을 확보하고 있다. 그렇게 된 사정에 대해 우리는 그 두 나라가 정치적이거나 경제적으로 강대국이라는 것, 그리고 세계문화의 흐름을 주도하는 공간(유럽과 미국)과 이미 오래 전부터 문화적 교류를 해 왔다는 것을 중요한 원인으로 들 수가 있을 것이다. 그러나 무엇보다도 중요한 것은 그들의 문학이 외부와의 교섭이 없는 상태에서도 충분한 자급자족이 가능한 인구를 확보하고 있다는 것이다. 그에 비해 한국문학은 어떠한가? 한국문학의 문인 분포는 지극히 적은 수의 베스트셀러 작가와 글쓰기로는 생계를 도저히 충족시킬 수 없는 대다수의 가난뱅이 문인들로 구성되어 있으며, 빈부의 격차는 점점 벌어지고 있다. 그래서 대부분의 소수 인구 국가가 그러하듯이 이 불균형을 보완하기 위해서 국가적 차원과 사적 차원의 지원제도와 교습제도가 발달하는 것이다. 그러나 그러한 바깥의 제도로 보완하는 건 언제나 부차적인 것이고, 그런 제도의 결과 자체가 독서 문화의 내부 변화로 이어져야 한다. 즉 중요한 것은 한국의 독서 시장 자체가 크게 확대되는 것이다. 그리고 한국의 인구가 자급자족을 보여주고 있는 나라의 인구에 못 미친다는 걸 감안할 때, 독서시장의 확대는 좀 더 인공적인 노력을 통해 집약적으로 이루어질 필요가 있다. 다시 말해 한국의 문학 독자는 조직적인 프로그램을 통해 양성되고 촉진되어야만 하는 것이다.

이 세 가지 방책은 저마다 해결을 위한 험난한 길을 남기고 있다. 그 길을 가기 위해 한국의 문인과 문학전문가 더 나아가 한국인 모두가 힘을 보태야 하리라. 또한 그 길을 가기 위한 초입에서 되새겨야 할 특정한 태도도 있다. 앞에서, "이 방책들이 한국의 물리적 조건에 비추어 보면, 선택적이라기보다 동시병발적으로 진행되어야만 한다"라고 적었는데, 여기에서 '~야만 한다'는 어법은 권장형이 아니라 당위형으로 이해될 필요가 있다. 그것은 한국문학의 물리적 조건이 열악하기 때문에 더욱 그렇다. 한 방책의 실패는 전체의 실패로 귀결할 것이다.

"이 글은 2010년 연세대학교 문과대학의 '시민을 위한 열린 인문학 강좌'에서 발표된 원고를 필자의 양해를 받아 적당한 분량을 발췌한 것이다."

『언어 공동체와 세계문학』
저자 – 정과리 (불어불문학 박사, 연세대학교 국어국문학과 교수)

1. 자국 문학을 이상적으로 번역하기 위해 필요한 제도적 지원을 생각해 봅시다.

2. 자국어와 세계어의 공존이라는 이중 언어 정책의 장점과 단점에 대해 이야기해 봅시다.

부록

- 모범 답안
- 색인
- 출전

:: 모범 답안

01 학문의 세계

[교양서 읽기 1]

- 사람을 사람답게 만드는 것은? 이성
- 순수학문과 응용학문의 차이는? 순수학문은 진리를 탐구하는 데에 그 목적이 있고, 응용학문은 삶에 유용한 물질의 생산에 그 목적이 있다.
- 동양에서 가장 바람직한 삶이 지향하는 바는? 인간의 자기 변화가 함께 수반되는 깨우침
- 인문학의 목표는? 단순히 무엇을 앎에서 그치지 않고, 탐구자 자신이 어떠한 존재로 되는 것
- 배움이 성스러운 존재에 이르는 길이라는 말은 무슨 의미인가? 어떤 것을 배움을 통해 그 자신이 더 훌륭한 존재로 변화된다는 의미
- 전통 학문 시대의 기술과 현재의 과학 기술의 차이는? 전통 학문 시대의 기술은 단순한 손기술이었으나 현재의 과학기술은 이론적 탐구로부터 나온 기술

1. 인간에게는 이성이 있기 때문에 진리를 탐구해 왔으며 이러한 학문 탐구 행위는 인간이 더 나은 존재로 변화되는 것을 목표로 삼아왔다. 그러나 이러한 전통적인 학문관은 과학기술의 등장으로 그 의미가 변화되었다.
2. 서양에, 그러나
3. ❹
4. ❹
5. ○, ×, ○
6. ❸

[교양서 읽기 2]

- 전통적인 대학 교육에서 학문 탐구의 중심은? 철학 연구
- 전통적인 대학에 변화를 가져온 것은? 과학 기술의 출현
- 과학 기술의 등장이 학문 탐구 영역에 가지고 온 변화는? 생산자 계급을 고등교육의 문 안으로 끌어들였다.
- 미국의 대학 교육의 특징은? 전통적인 대학들은 순수이론학문 탐구 중심, 주립대학은 고등 산업인력 배출을 목표로 삼는다.
- 한국 대학 제도는 어떻게 구성되었나? 미국의 주립 대학 모형을 따라 구성되었다.
- 저자가 생각하는 배움의 의미는? 모든 사람들이 더불어 잘 살 수 있는 세상을 만들어가는 일에 자기 몫을 다하며 살기 위해 배우는 것이다.
- 대학의 진리 탐구 행위가 멈출 수 없는 이유는? 유한한 인간의 능력으로는 절대적인 진리를 잡을 수 없으므로

1. 과학기술의 출현은 학문과 기술을 하나의 이론 틀 안에서 통합될 수 있는 학문 탐구의 진보가 가져온 사회변화였으나 과학기술의 개발 자체가 학문의 목적일 수 없으며 진리는 계속 탐구되어야 한다.
2. ❷
3. ❸
4. ❸
5. 1) ○ 2) × 3) ○
6. ❹

02 생활 속의 경제

[교양서 읽기 1]

- 이 단락에서 언급한 사람들의 나이 계산법은 무엇을 설명하기 위한 예인가? 아홉이 열보다 더 귀하게 느껴지는 예
- 풍년이 든 해에 농부의 마음이 풍요속의 빈곤이라고 한 이유는? 풍년이 든 해에 시장 가격이 폭락하여 오히려 수입이 줄었기 때문에
- 피카소, 다이아몬드는 무엇을 설명하기 위한 예인가? 희소해서 비싼 예
- 핵심어는? 한계수입, 한계비용
- 소비자는 언제 구매를 하게 되나? 소비로부터 느끼는 한계효용이 가격보다 높을 때
- 첫사랑과 포도는 무엇을 설명하기 위한 예인가? 소비를 증가시킴에 따라 한계효용이 줄어드는 예
- 현명한 독점 기업이 무작정 생산량을 늘리지 않는 이유는? 공급량이 늘어날수록 시장 가격이 떨어지므로

- 이 단락에서 말하는 경제의 아이러니란? 희소성 때문에 아홉이 열보다 더 큰 가치가 있는 것

1. 경제학에서는 소비나 생산을 할 때 한 개를 더 소비하거나 생산할 때마다 한계 효용과 한계 비용이 줄어들므로 아홉이 열보다 더 큰 가치가 있을 수 있다.
2. ❹
3. ❷
4. ❹
5. 1) ○ 2) × 3) ○ 4) ○
6. ❹

[교양서 읽기 2]

- 슈퍼마켓이 소비자들에게 가장 바라는 것은? 충동 구매
- 슈퍼마켓에서 묶어서 파는 방식을 선택하는 이유는? 소비자가 충동구매를 하게 만들기 위해
- 묶어서 파는 판매 방식이 가장 잘 통하는 상품은? 참치 캔,냉동식품
- 이 단락에서 말하는 판매 전략은 위에서 언급한 판매 전략과 무엇이 달라졌나? 고객이 살 수 있는 상품 개수 제한
- 미끼 상품이란? 특별히 낮은 가격을 매겨 소비자가 다른 상품도 쌀 것이라고 기대하게 만드는 상품
- 왜 상품의 구입 한도를 제한했을 거라고 추측하고 있나? 소비자들이 미끼상품이라는 것을 알고 사재기를 할까봐
- 상품의 구입 한도를 제한한 진짜 이유는? 닻내림 효과를 통해 소비자가 제한 한 수만큼 사게 유도하기 위해서
- 단순히 치약 가격을 내렸을 때와 구입 한도를 설정해 놓았을 경우의 차이는? 가격만 낮추면 여러 통을 구입할 가능성이 적으므로
- 닻내림 효과의 성공 예는? 구매 한도를 설정해 캔 수프 판매량을 늘린 예
- 물건 사기 이외에 닻내림 효과의 예는? 연봉을 정해 놓고 직장을 찾는 경우

1. 세일 전략에는 미끼상품을 통해 소비자를 유혹하려는 의도가 숨어 있으므로 소비자가 그 의도를 잘 파악하면 쇼핑이 더 즐거워질 수 있다.
2. ❷
3. ❷
4. ❸
5. 1) × 2) ○ 3) ○ 4) ×
6. 오래 저장할 수 있어 많이 사두어도 상관없기 때문에

03 문화와 커뮤니케이션

[교양서 읽기 1]

- 커뮤니케이션은 언어로만 이루어지는 것이 아니라는 것을 알 수 있는 예는? 영어밖에 할 줄 모르는 아이와 한국말만 할 줄 아는 할머니가 같이 살 수 있다.
- 저자가 생각하는 '세계'는? 세계는 단순한 물리적 공간이 아닌 문화적 구성체다.
- 자연적인 것과 문화적인 것을 비교한 세 가지 예는? 소리–말, 풀–채소, 짝짓기–혼인
- 언어 이외에 커뮤니케이션을 할 수 있는 도구는? 부호
- 부호가 가지고 있는 기능은? 긴 설명을 할 필요 없이 축약해서 소통하게 해 준다.
- 다문화 현상을 부호에서 발견할 수 있는 이유는? 부호에는 만국 공통의 부호가 있고, 우리 사회에서만 통용되는 부호가 있다.

1. 사람은 다른 문화를 접하지 않고는 살아갈 수 없다. 한 사회에서도 문화의 차이와 교류 즉 다문화 현상을 발견한다. 사람들은 학습에 의해 문화를 전달하고 공유하면서 서로 간의 커뮤니케이션의 폭을 넓혀 나간다.
2. ❸
3. ❹
4. 커뮤니케이션은 문화 학습의 수단인 동시에 성과이며 문화는 학습을 통해 전달되고 공유되는 것이기 때문에 문화와 커뮤니케이션과 교육은 서로 밀접한 관련성이 있다.
5. 1) ○ 2) ○ 3) ×
6. ❶

모범 답안

[교양서 읽기 2]

- 문화의 '이해'는 어떤 점에서 지식의 습득과 다른가? 지식은 습득하는 사람이 자신의 필요에 의해서 지식을 취사선택하지만 이해는 상대방의 의도를 파악하는 데 있어서 단순히 그가 사용하는 언어의 객관적인 내용 분석에만 그치지 않고, 듣는 사람이 잠깐 동안 말하는 사람의 입장이 되어서 생각해 보는 것을 말한다.
- 다른 문화를 이해하기 어려운 이유는? 다른 사람의 입장이 되어 보는 것은 궁극적으로 자신에게 익숙한 문화에 대한 비판적인 눈도 허용해야 하기 때문이다.
- 다른 문화를 이해하기 위해서는 무엇에 대한 관찰과 성찰이 필요한가? 자신의 관찰이 다시 자신에게 익숙한 문화에 의해서 어떻게 영향을 받는지에 대한 관찰과 성찰도 해야 한다.
- 베네딕트는 문화 간 차이를 인정하는 것이 어떤 역할을 한다고 했나? 문화의 차이는 너와 나를 경계 짓고 그 우월성을 평가하게 하는 역할을 하는 것이 아니라 상대방에 대한 보다 깊은 이해에 도달하게 하는 역할을 한다.
- 자신의 문화에 대한 '거리두기'의 장점은? 자신의 문화에 대한 거리두기가 가능하면 다른 문화에 대해서도 더 이상 지나치게 방어적인 태도를 취하지 않게 된다. 그리고 이는 사람들로 하여금 다른 문화에 대한 감정 이입 또는 현상학적인 해석을 훨씬 수월하게 만드는 효과를 가져다준다.

1. 다른 문화를 이해한다는 것은 문화 간의 차이를 인정하고 자신이 익숙한 문화의 틀에서 벗어나 상대방의 관점에서 그 문화를 이해하는 것이며 또한 이는 자신이 당연시 여기던 자신의 문화를 객관적으로 상대방의 관점에서 보고자 노력하는 일이다.
2. ❸
3. ❹
4. 우선 왜 그 나라 사람들은 다른 생각을 하게 될까를 먼저 생각한다.
5. 1) ○　2) ×　3) ×　4) ○
6. ❹

04 독서와 사고

[교양서 읽기 1]

- 현대 사회에서 독서에 도전하는 것은? 영상 매체
- 영상 매체가 위력을 펼치게 된 계기는? 텔레비전의 보편화
- 하이퍼픽션의 특징은? 독자가 소설 속의 인물이 되어 줄거리를 끌어가거나, 특정한 상황을 만들어 작품에 직접 참여할 수 있다.
- 매체가 달라지면서 표현과 전달의 효과를 높이게 된 텍스트는? 설명적이거나 설득적인 텍스트
- 현대 사회에서 달라진 독자의 심리는? 독서는 시대에 뒤떨어진 것이라 생각하고 새로운 매체를 선호한다
- 현대인이 독서를 하기 어려워진 이유는? 다양한 여가가 독서에 필요한 시간과 노력을 빼앗아 간다.
- 잡식성 읽기란? 쉽게 손에 잡히는 것을 건성으로 읽는 것
- 잡식성 읽을거리의 특징은? 대중매체와 연관되어 있다.
- 잡식성 읽기의 문제점은? 독서의 진정성이나 여가의 창조성을 살리지 못함.

1. 책보다 대중 친화적인 매체들이 확산됨에 따라 현대 사회의 독서는 여러 가지 도전에 직면해 있다.
2. 1) 독서를 대하는 ~
   2) 영상 매체의 위력
   3) 독자의 심리적 태도 변화
3.

인쇄 매체	영상 매체
일관성	복합성
연속성	불연속성
단성성	다성성
문어적	시청각적

4. ❷
5. 1) ×　2) ○　3) ○
6. ❹

[교양서 읽기 2]

- 저자가 생각하는 이 글의 독자는? 대학 신입생

- 개론서나 입문서를 읽을 때 같이 보면 좋을 문헌들은? 가장 최근에 발간된 문헌과 전문가나 지도 교수가 잘 된 것으로 추천하는 문헌
- 입론서나 개론서를 읽을 때 주의할 점은? 내용에 너무 얽매이지 말고 비판적인 내용은 잘 정리해 둔다.
- 분석적 · 비판적 독서의 세 단계는? 도입, 본격적인 독서, 마감 단계
- 독서를 시작하기 전과 후에 문헌을 대할 때 차이점은? 독서를 시작하기 전에는 연구 주제와 관련이 있는지만 알면 되지만 독서 후 도입 단계에는 주제를 명확하게 파악해야 한다.
- 도입 단계에 해야 할 일은? 문제제기와 주장 파악
- 본격적 독서 단계에서 먼저 해야 할 일은? 논증 내용 숙지
- 사회과학 서적을 읽을 때 필요한 독서 방법은? 표시하고 적어두며 그 내용들을 정리하면서 읽는 것
- 내용과 주장을 해석하면서 읽어야 하는 이유는? 해석의 여지가 많은 문헌들도 적지 않으므로
- 3개의 예는 각각 무엇에 대한 예인가? 표현의 자유가 억압받는 상황에서 쓰인 문헌, 저자의 의도와 무관하게 이후 다른 방식으로 해석되어 논란이 된 문헌, 원전 자체가 많은 해석의 여지를 가진 문헌
- 독서의 마지막 단계에서 해야 할 일은? 문헌의 논의, 논쟁, 내용이 타당한가를 검토, 저자가 해결한 문제는 무엇이며 해결하지 않은 문제는 무엇인지 판별, 미해결의 문제에 대해서는, 해결에 실패한 것을 저자가 인지하고 있는지를 확인

1. 사회과학 문헌들을 읽을 때는 먼저 글의 주제를 명확히 파악하고 나서 저자가 문제 제기하고 주장하는 내용을 파악한 다음, 그 내용과 주장이 함의하는 바를 해석하고 비판하면서 읽어야 한다.

2.

문헌 선정	도입
• 연구 주제와 관련이 있는 자료 조사	• 주제와 문제 제기 및 주장하는 내용 파악

본격적 독서	마감
• 논증 내용의 이해와 요약, 주장의 해석	• 내용, 논증, 주장에 대한 비판

3. ❹
4. ❶
5. 1) × 2) × 3) × 4) ○
6. 대학에 입학한 신입생을 대상으로 사회과학 서적을 읽을 때 필요한, 분석적 · 비판적 독서 방법을 단계별로 상세히 설명하고 있다.

05 인터넷과 인간

[교양서 읽기 1]

- 영화 속에 나오는 두 주인공의 영화 속 실제 이름과 온라인상에서의 이름은?
  인주 – 별이 / 형태 – 멜로
- 아바타의 의미는? 세상에 내려온 화신
- 익명성의 매력은? 현실과는 전혀 다른 사람으로 행동할 수 있고 얼굴을 마주 하고는 할 수 없는 말과 행동을 스스럼없이 할 수 있다.
- 아바타의 장점은? 온라인상에서 자신을 표현하고자 하는 욕구를 충족시켜 주면서도 완전히 자신을 드러내지 않아도 됨
- 이 단락에서 말한 아바타의 대리 충족 유형 세 가지는? 신체적 역할 수행, 사회적 역할 수행, 심리적 역할 수행
- 아바타 방이 기존의 홈페이지와 다른 점은? 소수의 사람들에게만 공개하며 나만이 독점적으로 지배

모범 답안

할 수 있는 공간

1. 사람들은 인터넷 상에서 또 다른 '나'인 아바타를 통해 현실의 자신을 표현함과 동시에 현실에서 이룰 수 없는 욕구들을 대리 충족하고 있다.
2. ❸
3. ❹
4. ❶
5. 1) ○ 2) × 3) ×
6. 영화의 줄거리를 통해 인터넷 아바타의 특징에 대한 흥미와 공감을 얻어내기 위해

[교양서 읽기 2]

- 왜 온라인상에서 새로운 사람을 만나고 집단을 형성하는 것이 어렵다고 생각했나? 온라인상의 상호작용에는 일반적으로 사용하는 사회적 단서가 없고 만남이 일시적인 것이어서 진지한 대인관계가 이루어지기 힘들기 때문에
- 이 단락에서 말한 온라인상에서 만나는 모임의 유형은? 이미 오프라인에서 알고 있는 집단 간의 모임
- 이 단락에서 말한 온라인상에서 만나는 모임의 유형은? 공통적인 관심사를 가진 사람들의 집단
- 왜 온라인 집단에서는 동조하려는 성향이 약한가? 온라인에서는 물리적 실체가 없기 때문에
- 인터넷 집단이 대단한 집단성과 응집력을 지니게 되는 것은 언제인가? 자신들이 이루어야 하는 상위 목표가 생길 때
- 온라인상의 집단 활동에서 나타나는 부정적인 예 두 가지는? 패밀리, 길드
- 왜 가상공간의 집단이 현실공간의 집단보다 더 극단화된다고 했나? 집단극단화 현상 때문에 다른 사람과 이야기하는 과정 속에 의견이 극단으로 옮겨지기 때문에
- 집단 패거리 삼기 현상이란? 같은 생각을 가진 사람끼리 점점 더 극단화되어 다른 집단에 대해서는 다르다는 이유로 편견을 가지게 되는 현상

1. 온라인상에서의 대인 관계는 지속적이고 만족스럽지 못할 것이라는 예측과는 달리 실제 온라인상의 만남이 여러 형태로 존재하며 그 영향력도 커지고 있다. 그러나 이에 따른 온라인상의 집단 활동의 부정적인 면도 무시할 수 없다.
2.

Ⅰ. 많은 사람들은…	Ⅲ. (그러나…)
(온라인상의 모임의 예와 그 영향력)	(온라인상의 집단활동의 부정적인 예)

3. ❸
4. ❹
5. 1) ○ 2) × 3) ○
6. 온라인상에 존재하는 집단이 오프라인 상에 존재하는 집단 못지않은 응집력과 영향력을 가질 수 있다는 것을 예시하기 위해

06 언어와 사회

[교양서 읽기 1]

- 인터넷 언어의 문제는? 언어 규범을 제대로 따르지 않는다
- 규범을 어긴 사람에 대한 사회적 제재 조치의 예는? 처벌, 따돌림, 야유
- 언어 규범에 대한 제재 조치의 예는? 교양과 품위가 없는 사람으로 대접을 받거나, 교육과정에서 남보다 낮은 평가를 받음, 무식한 사람 혹은 지방에서 갓 올라온 사람으로 대접받기도 하고, 경멸을 받게 되는 경우도 있음.
- 언어에 대한 법적 제재의 명목은? 혹세무민, 유언비어
- 여성 정장에 대한 인식이 달라진 이유는? 사물을 보는 기준이 변했기 때문에
- 언어 규범의 변화로 예시된 것은? 작명과 관련한 언어 규범의 변화
- 언어 규범에 대한 의식이 변화하게 되는 근본적인 이유는? 물질적 조건의 변화
- 인터넷 언어에서 규범을 일탈하는 경우를 쉽게 볼 수 있는 이유는? 실시간으로 대화가 수행되기 때문에 한 번 저지른 오타에 지금까지의 원고 작성 때처럼 퇴고의 시간이 허용되지 않으므로

• 인터넷 언어의 첫 번째 특징은? 입말의 특징을 그대로 반영한다.
• 인터넷 언어의 두 번째 특징은? 통속적 어휘 남용
• 인터넷에서 일어나는 규범 일탈 현상의 긍정적 의미는? 고상한 부분과 통속적 부분이 함께 드러남
• 인터넷 언어의 독특한 조어에 대한 저자의 견해는? 인터넷 사용 과정에서 나타난 자연스러운 변화, 단순하게 '비규범적'이라고 매도하는 것은 타당하지 않다.

1. 인터넷 언어의 규범 일탈 현상은 사회적 · 문화적 변화가 언어에 대한 규범의식에 영향을 미치게 된, 역사적 흐름의 변화로 생각해야 한다.

2.

구성 / 내용	문제 제기	본문		
		1	2	3
핵심어	의사소통의 장애	규범	언어 규범	인터넷 언어
단락 첫 단어	인터넷을	규범이라는	언어에도	이와 같이

3. ❸
4. ❹
5. 1) × 2) ○ 3) ×
6. ❷

[교양서 읽기 2]

• 간이형 맞춤법이 등장한 이유는? 자판이라는 필기구 이용을 간편화하기 위해서
• 최소한의 의사소통성만을 남긴, 인터넷 언어의 일탈 현상은? 축약
• 감성적인 표현을 강조하기 위한, 인터넷 언어의 일탈 현상은? 변형과 복잡화
• 새로운 문법요소의 원칙은? 서술형 종결 부분에 이응에 받침, 명령형 종결부분에 미음 받침을 붙임.
• 의도적으로 탈규범적인 표기를 하는 이유는? 대상에 대한 비판과 풍자 의식을 드러내기 위해
• 저자의 주장은? 인터넷 언어의 변화에 대해 걱정만 할 것이 아니라 그러한 변화를 초래한 물질적 변화를 어떻게 수용할 것인지 그 장단점을 잘 따져봐야 한다.
• 인터넷 언어의 긍정적 의의는? 언어 규범을 자연스럽게 확장시키고 규범 설정의 권한을 대중에게 넘겨 줄 수 있다.

1. 인터넷 신조어들을 단순히 '비규범적'이라는 이유만으로 매도만 해서는 안 된다. 인터넷 언어의 간략화, 축약, 복잡화 등의 조어 규칙과, 의도적인 탈규범적 표기 등을 통해 우리는 경직된 언어 규범을 자연스럽게 확장시킬 수 있다.

2.

단락 시작	기능	내용
인터넷	설명	인터넷 언어의 여러 가지 탈규범적 현상
결론적으로	제안	인터넷의 장단점을 잘 살펴야 한다.
이 가운데서	주장	인터넷 언어의 새로운 변화 현상을 긍정적으로 수용해야 한다.

3.

① 간이형 맞춤법 •	• ㉠ 필기구 이용의 간편화
② 축약 •	• ㉡ 감성적인 표현의 강조
③ 복잡화 •	• ㉢ 대상에 대한 비판과 풍자
④ 의도적인 탈규범적 표기 •	• ㉣ 엄격한 규범의 굴레를 탈피

4. ❷
5. 1) × 2) ○ 3) ○
6. ❷

07 과학과 인간

[교양서 읽기1]

• 과학과 정의의 차이는? 과학은 자연의 비밀을 파헤치는 인간의 활동인 반면, 정의는 사람의 자유, 평등, 법률적 공평성 등을 근간으로 한 이념이다.
• 기술과 산업 발전의 혜택이 불균등하게 배분되는 결과는? 정보 기술의 발전으로 경제적 문화적 간격이 벌어진다
• 과학기술의 발전이 바꾸어 놓은 것은? 도시와 생태계

모범 답안

• 과학적 의학의 긍정적 결과와 부정적 결과는? 질병의 극복/의료 혜택의 불평등
• 과학 연구가 '인간'의 개념을 확장한 예는? 인공수정에 의한 아이들에게도 인권이 부여됨
• 과학의 발전이 정의를 가져오지 않는다고 생각하게 된 이유는? 과학 기술 발전을 통한 급격한 경제성장으로 사회적 불평등 강화, 대량살상, 기술적 위험 증가, 환경 황폐화 등 인간다운 삶을 저해하는 결과가 나타남.
• 현대 사회의 두 가지 숙제는? 과학의 혜택 분배, 과학 기술의 발전 통제

1. 과학 기술의 발달로 급속히 경제가 성장하면서 불평등이 심화되고 사회적인 문제가 발생하고 있으므로 과학 발전으로 인한 혜택을 균등하게 분배하고 사회적 문제가 될 만한 발전을 통제해야 과학을 통한 사회 정의 구현이 가능하다.

2.

		내용	단락
1	도입	과학과 정의	1
2	문제 제기	과학 발전과 불평등	2,3
3	예시	과학 발전에 따른 사회적 문제 예	4,5,6
4	과제	과학 기술과 사회 정의 구현	7,8

3. ❸

4. ❸

5. 1) × 2) × 3) ○ 4) ○

6. ❷

[교양서 읽기2]

• 유전공학기술의 윤리성이 문제가 되는 이유는? 생명 현상을 인위적으로 조작하는 기술이므로
• 희귀 물질, 백신 개발은 어떻게 가능한가? 유전공학(박테리아나 세포를 배양해서)
• 유전공학적으로 변형된 박테리아나 유기체가 왜 위험한가? 일단 노출하면 수거할 수 없으므로
• 인간의 경우, 유전자 검사로 알 수 있는 것은? 유전적 특징
• 유전자 연구로 위험해지는 건 누구인가? 사회 전체
• 과학자는 어때야 하는가? 늘 신중해야 함
• 과학 연구의 목적과 방법이 선해야 하는 이유는? 과학 기술의 영향이 크므로
• 배아복제줄기세포 연구의 윤리적 문제는 무엇인가? 배아의 죽음을 전제로 함
• 배아란? 인간 개체가 될 인간 존재
• 모체 내 배아 가 아닌 배아로 보호가 필요한 배아는? 실험실에 있는 배아

1. 유전공학기술이 발전하면서 변형된 박테리아나 유기체의 생산, 유전자 검사로 인한 인공유산이나 특정 노동자의 취업 제한 등의 문제가 나타나므로 과학자의 신중한 판단이 필요하다. 그리고 줄기세포 배아연구의 경우는 불치병 치료라는 목적은 선하나 배아를 사용하는 방법이 문제가 되므로 과학 기술의 영향력을 고려할 때 문제가 된다.

2.

	단락	제목
1	단락1 – 단락7	유전 공학
2	단락8 – 단락11	배아 연구

3. ❸

4. ❷, ❹

5. 1) ○ 2) × 3) ○ 4) ○

6. ❶

08 철학과 논리

[교양서 읽기 1]

• 철학을 '전일의 학'이라고 하는 이유는? 개별적 사실들의 전모를 파악하고자 하기 때문
• 종합과 함께 이루어져야 하는 탐구의 과정은? 개별적인 것에 대한 분석
• 비판이란? 옳은 주장에는 기꺼이 수긍하고 거짓일 경우 잘못을 냉정하게 지적하는 것
• 철학적 태도는? 비판적으로 분석하고 종합하는 태도
• 어떤 결정을 할 때 기준은? 상식에 따르거나 책을 보거나 전문가에게 자문을 구한다.

- 같은 사태에 대해 대립되는 주장이 있을 때 어떻게 하나? 주장이 사실과 이치에 부합하는지 따져 본다.
- 베이컨의 네 가지 우상은? 동굴, 시장, 극장, 종족
- 우상에 빠지지 않기 위해서는 어떻게 해야 하나? 철저히 비판하고 회의해 본 후, 참으로 명석 판명한 것을 찾아야만 한다.
- 선입견과 고정관념에서 벗어나는 방법은? 철저한 회의와 비판

1. 철학적 태도는 비판적으로 분석하고 종합하는 태도이며 내가 아는 모든 지식에 대해 철저히 비판하고 회의해 봄으로써 선입견과 고정관념에서 벗어날 수 있다.
2. 비판적으로
3. ❸
4. ❸
5. 1) × 2) ○ 3) ○
6. ❹

[교양서 읽기 2]

- 이 이야기에서 무기 상인이 대답을 못하는 이유는? 두 주장이 성립될 수 없는 모순 관계에 있기 때문에
- 말이 명료하지 않다는 것은 무엇을 반증하나? 사고가 불명료하다는 것
- 석가모니가 아난존자에게 말을 하지 않고 연꽃을 들고 미소 지은 이유는? 말을 하지 않아도 모든 것을 알 수 있는 사이이기 때문에
- 말을 하는 것이 비경제적이고 피곤한 일이 되는 경우는? 말을 하지 않고서도 서로 의사를 분명히 파악할 수 있는 경우
- 현대 사회에서 언어의 역할은? 세계를 분석하고 이해하는 일차적 수단이 됨.
- 논리란? 일련의 명제들로 구성된 논증을 통해 자신의 주장을 구체적으로 펼쳐 나가는 추론 내지 추리
- 증명의 부담이란 어떤 원칙인가? 적극적 주장을 펴는 사람이 그 주장이 참임을 입증해야 하는 것
- 증명의 부담을 수용하는 논증 훈련의 효과는? 현대 민주주의의 배경적 토대가 되는 토론 민주주의가 뿌리내리게 될 것이다.

1. 논리적인 모순관계가 없을 때 생각을 말로 표현할 수 있으며, 언어는 세계를 이해하고 분석하는 수단이 되므로 명료하고 논리적으로 언어를 사용해야 한다. 또한 논리적으로 자신의 주장을 펼칠 때는 증명의 부담을 수용해야 한다.
2. ❷
3. ❸
4. ❶
5. 1) ○ 2) × 3) ○
6. ❸

09 경제와 사회

[교양서 읽기 1]

- 소비자의 경우 모든 상품의 가격이 똑같이 오르면 소비생활에 어떤 변화가 있나? 그 이유는? 아무 변화도 생기지 않는다. 소득도 같이 증가하기 때문에
- 생산자의 경우는 어떤 변화가 있나? 그 이유는? 아무 변화도 생기지 않는다. 임금, 임대, 자재비용 모두 늘기 때문에
- 메뉴비용이란? 경제에는 큰 영향을 끼치지 않고 상품의 가격표를 바꾸어 다는 데에 드는 비용
- 인플레이션 때 봉급생활자의 살림이 어려워지는 이유는? 가격 상승폭이 일정하지 않기 때문에
- 이 단락에서 말하는 인플레이션의 또 다른 문제점은? 돈을 빌려준 사람이 손해를 봄
- 인플레이션이 가져오는 뜻하지 않은 소득재분배 효과란? 기업을 소유한 사람들이 큰 수혜자가 됨
- 이 단락에서 말하는 또 다른 인플레이션의 문제점 두 가지는? 긴 안목에서 앞날을 계획할 수 없고 투기를 부채질함

1. 인플레이션은 뜻하지 않는 소득재분배를 가져올 수 있고 앞날에 대한 계획을 세우기 어렵게 만들며 투기를 부채질해 사회적 부작용을 가져올 위험이 있다.
2. ❹
3. ❹

모범 답안

4. 인플레이션으로 인해 돈을 빌린 사람이 이익을 보게 되는데 이 때 가난한 사람들 보다는 몇 억, 몇 조억의 빚을 지고 있는 큰 기업가들이 수혜자가 되기 때문이다.
5. 1) ○ 2) ○ 3) ×
6. ❸

[교양서 읽기 2]

- 경기 변동과 투기의 관계는? 투기가 극성을 부리는 때가 호황 말기이며, 경제가 불황에 접어들면 투기 거품이 꺼진다.
- 튤립 가격이 오른 이유는? 사람들이 감상 목적이 아니라 더 비싸게 팔기 위해 튤립을 샀기 때문에
- 마르크스의 말을 인용한 이유는? 투기가 반복되고 있다는 것을 강조하기 위해
- 투기의 긍정적인 면을 주장하는 사람들의 근거는? 시장의 유동성을 높인다는 점
- 무엇에 대한 이야기인가? 투자와 투기의 구분
- 투자와 투기의 근본적인 차이는? 투자는 '플러스섬 게임'이고 투기는 '제로섬 게임'
- 현실에서 투자와 투기를 명확하게 구분할 수 없는 이유는? 현실적인 수익에는 투자와 투기가 합쳐 있으므로
- 투기 거래가 성립하는 이유는? 참가자들이 미래에 대해 서로 다른 예측을 하기 때문에
- 사람들이 군중심리를 따라 행동하는 이유는? 각자가 스스로 결정하는 데 필요한 정보나 판단력이 부족하기 때문에
- 투자 과열이 생기는 원인은? 경쟁에 뒤쳐진다는 생각에 무리하게 투자를 늘리기 때문에

1. 투자와 투기는 다른 것이나 현실에서는 명확한 구분이 어려우며 투자나 투기 모두 지나치면 경제 문제가 생긴다.
2. ❶
3. ❹
4. 1) ❷, ❸ 2) ❶, ❹, ❺
5. 1) × 2) ○ 3) ×
6. ❹

10 언어 공동체와 세계문학

[교양서 읽기 1]

- 한국문학이란? 한국어로 쓰인, 한국인의 정서를 담고 있는 문학
- 해방과 더불어 한글이 한국인의 공용 문자로 자리 잡았던 이유는? 일제 강점기 동안 민간 차원에서 문법을 정립하고 한글, 해득률을 높이는 노력을 기울였으므로
- 한국문학이 '한국어로 된' 문학일 수 있는 이유는? 한국어 공동체는 한반도에 살고 있고 한국 문학은 그 공동체의 역사와 정서를 담아온 문학이었으므로
- 불어불문학과에서 프랑스 문학만을 강의했던 이유는? 언어 공동체와 민족을 동일시했기 때문에
- 주변국의 문학이 중심국의 문학에 도전한 대표적인 사례는? 아일랜드 문학
- '세계 문학'의 개념은 어떻게 생겨났는가? 영어권 문학이 국경을 넘어 영어를 매체로 사용하는 모든 언어 공동체의 문학을 포함하게 되면서

1. 세계사적인 변화와 함께 언어 공동체의 문학이 곧 민족문학이라는 등식이 더 이상 성립하지 않게 되면서 세계문학 개념이 형성되었다.
2. ❸
3. ❸
4. ❷
5. 1) × 2) × 3) ○
6. ❶

[교양서 읽기 2]

- 세계화란? 국경의 붕괴와 인간 활동의 지구 단위 단일 네트워크의 형성
- 세계화가 문화에 끼친 부정적인 영향은? 특정한 지배적인 문화 및 문화 기제가 세계 전체에 확산됨으로써 다른 문화의 생존 가능성을 위협하는 사태를 초래
- 세계화가 언어에 미친 부정적 영향은? 하나의 세계어를 성립시켜 소수어의 절멸 위기를 초래
- 아프리카인이 독립 투쟁 과정에서 깨닫게 된 생각은? 아프리카인에게 어울리는 새로운 관점, 생활 방식, 제도들을 만들어야 한다.

- 아프리카 소설가가 구 식민국의 언어를 선택하는 이유는? 검열, 문맹, 가난
- 알제리의 학교가 이중언어주의를 채택한 이유는? 테크놀로지 분야에는 부족어가 도움이 되지 않으므로

1. 세계화의 결과 힘있는 세계어가 출현하면서 주변국의 문학에서는 문학의 의의와 역할을 어떻게 규정할 것인가에 대한 새로운 고민을 하고 있다.
2. ❶
3. ❶
4. ❸
5. 1) ○ 2) ○ 3) × 4) ○
6. 단일화로 보고 있다. "세계화는 … 특정한 지배적인 문화가 세계 전체에 확산됨으로써 다른 문화들의 생존가능성을 위협하는 사태를 초래하였다. … 공공부문의 제도로부터 생활습관, 여가, 미용 등의 사적 부문에 이르기까지 미국적인 방식과 체제가 세계인의 삶을 거의 장악하게 되었다."

색인

색인

출전

과	저자	참고자료	쪽수
01	이명현	김용준 외, 「학문이란 무엇인가」, 『스무 살에 선택하는 학문의 길』, 아카넷, 2005.	14~24
	장영희	「아프게 짝사랑하라」, 『내 생애 단 한번: 때론 아프게, 때론 불꽃같이: 장영희 에세이』 , 서울: 샘터, 2000.	32~35
02	조용환	유네스코 아시아・태평양 국제이해교육원 편, 「커뮤니케이션」, 『다문화 사회의 이해』, 동녘, 2008.	236~239
	신인아	김숙현 외, 「문화 간 인간관계」, 『한국인과 문화간 커뮤니케이션』, 커뮤니케이션북스, 2001.	109~112
	현남숙	한국철학사상연구회 편, 「대중문화 안에서 나를 찾기」, 『철학 삶을 묻다』, 동녘, 2009.	161~163
03	정갑영	『열보다 더 큰 아홉』, 영진 미디어, 2006.	85~88
	이준구	『36.5℃ 인간의 경제학』, 랜덤하우스코리아, 2009.	75~79
	KISTI의 과학향기	(한국과학기술정보연구원 과학향기 메일매거진 블로그) 2007. 02. 07 (블로그 주소) scentkisti.tistory.com	
04	박인기	「현대 사회의 독서 환경」, 『독서』, 미래엔 컬처 그룹, 2005.	354~356
	정병기	「분석적・비판적 독서」, 『사회과학 글쓰기』, 서울대학교출판부, 2005.	54~57
	도정일	「책맹 사회」, 『씨네 21』, 2001.	6월호
05	오택섭, 강현두, 최정호	『미디어와 정보사회』, 나남, 2005.	261~263
	심혜련	「익명성과 책임」, 한국철학사상연구회편, 『철학, 삶을 묻다』, 동녘, 2009.	48~51
06	김하수	「인터넷과 우리말」, 『문제로서의 언어1』, 커뮤니케이션북스, 2008.	149~155
	조항범	「멀티미디어를 통한 의사소통」, 『국어생활』, 심재기・조항범・ 김정우・유임하, 지학사, 2003.	154~156
07	홍성욱	『홍성욱의 과학 에세이』, 서울: 동아시아, 2008.	227~230
	구인회	「생명윤리」, 『기술의 대융합』, 서울:고즈윈, 2010.	413~418
	조홍섭	「녹색 기술과 윤리」, 『기술의 대융합』, 서울:고즈윈, 2010.	439~441

과	저자	참고자료	쪽수
08	가톨릭 교육재단 협의회	「생각하는 힘」, 고등학교 『철학』교과서, 가톨릭 문화원, 1998.	
	김범춘	「철학은 어렵다」, 『철학의 눈』, 한울, 2005.	277~278
09	이준구	『새 열린 경제학』, 다산출판사, 2010.	165~167
	김기원	『경제학 포털』, 필맥, 2009.	140~143
	정갑영	『나무 뒤에 숨은 사람』, 영진미디어, 2007.	146~149
10	김주연	「세계인의 삶을 이해하기 위하여」, 『스무 살에 선택하는 학문의 길』, 김용준 · 정운찬 외, 아카넷, 2005.	169~175
	정명교	「언어공동체와 문학」 (2010년 연세대학교 문과대학의 '시민을 위한 열린 인문학 강좌' 에서 발표된 원고 '언어 공동체와 세계문학' 을 필자의 양해를 받아 발췌), 2010.	